Jirina Prekop/Christel Schweizer

Kinder sind Gäste, die nach dem Weg fragen

Jirina Prekop/Christel Schweizer

Kinder sind Gäste, die nach dem Weg fragen

Ein Elternbuch

Kösel

ISBN 3-466-30305-2

Druck und Bindung: Kösel, Kempten
Umschlag: Elisabeth Petersen, Glonn
Umschlagphoto: Barbara Kreye. Photoservice Gruner + Jahr

1 2 3 4 5 6 · 95 94 93 92 91 90

Inhalt

Vorwort

Ein Kind zu erziehen bedeutet an erster Stelle, es in der Besonderheit seines kindlichen Wesens bedingungslos anzunehmen und zu lieben. Erziehung ist Herzensarbeit und Geduld.
Es gilt, dem Gast den guten Ort anzubieten und ihm solange den inneren Halt zu geben, bis er seinen Weg selber kennt.
Das bedeutet: Nicht zu fragen, was bringst Du und bringt es mir, wenn ich Dich beherberge. Als Gastgeber freue ich mich, daß Du gekommen bist. In meinem Haus ist Platz für uns beide – für Dich und für mich. Ich frage nicht, woher Du kommst und wohin Du gehst. Ich kann Dir Deinen Weg nicht zeigen, aber ich bin bereit, Dich auf Deinem Weg zu begleiten, damit Du sicher gehen kannst. Solange Du bei mir bist, will ich um Dich besorgt sein und Deine Kräfte stärken, damit Du mit Freude im Herzen weiterziehst. Ich will Dir Mut machen, nicht aufzugeben, wenn Du stolperst. Denn ich weiß, daß Dein Weg zunächst durch ein Land geht, in dem ich mich besser auskenne. Solange Dir die Sitten dieses Landes noch fremd sind, kannst Du sie Dir in aller Ruhe in meinem Hause von mir abschauen.
Unsere Zeit ist geprägt von umfassenden Veränderungen: Überbewertung des Materiellen, immer größere Abhängigkeit von der Technik, Umweltverschmutzung, wachsende Rücksichtslosigkeit und Entfremdung, immer mehr Isolation und Anonymität. Jeder weiß, es müssen neue Wege gesucht werden, wenn sich die Menschheit nicht selber in den Abgrund führen soll.
Zur gleichen Zeit sind aber auch gute Kräfte erstaunlich mächtig am Werk, deutlicher als je zuvor. Bewegungen, die den Weltfrieden stiften, die sich gegen den Hunger in der Welt einsetzen, die gegen Umweltverschmutzung wirken, die Gewaltfreiheit praktizieren und die Versöhnung zwischen den Kirchen bewirken.

Angesichts dieser Entwicklung ist die Erziehung der Kinder heute schwieriger denn je. Werden sie der Materie und dem Materiellen wieder den Platz zuweisen, der ihnen zukommt, und auch dem Geistigen auf der Erde wieder einen Raum schaffen? Werden sie Frieden stiften und die Erde wieder mit dem Himmel verbinden können?

Es ist bewundernswert, wie sich die heutigen Eltern im Gegensatz zu früheren Elterngenerationen um eine sehr bewußte Erziehung ihrer Kinder bemühen. Sie sind sich ihrer Verantwortung bewußt und wissen, daß ihre Kinder von heute die Erwachsenen von morgen sein werden. Sie wissen auch, daß die Kinder ein schwieriges Erbe antreten und daß sie stark sein müssen, um es ins Menschenwürdige zu verwandeln. Denn sie wachsen in einer Zeit auf, in der sich das Ringen der zerstörerischen mit den lebensbejahenden Kräften voraussichtlich noch verschärft. Daher brauchen sie gutes Rüstzeug auf dem nicht einfachen Weg:

- klare Maßstäbe, um zwischen Gut und Böse unterscheiden zu können;
- ein feines Gefühl für das Wertvolle im alten Erbe, um es zu bewahren;
- freies schöpferisches Denken, um neue Lebensformen zu schaffen und neue Lebensräume zu erobern;
- die Logik des Herzens, um zu menschenfreundlicheren Entscheidungen zu finden, als es der Computer kann;
- Willensstärke und Belastbarkeit sowie die Bereitschaft, Krisen und Entbehrungen durchzustehen, ohne sich entmutigen zu lassen;
- eine hoffnungsvolle Lebenseinstellung;
- Ehrfurcht vor der Schöpfung. Das heißt unter Umständen auch, in freiwilliger Entscheidung die eigene Freiheit einzuschränken (zum Beispiel auf Skipisten zu verzichten, um den Hochwald nicht zu gefährden, oder überflüssiges Autofahren zu vermeiden…);
- die Bereitschaft, offen Gefühle auszudrücken, zwischen-

menschliche Konflikte auszutragen, Versöhnung anzunehmen und sich zu solidarisieren;
- Liebesfähigkeit, das heißt den anderen so zu lieben wie sich selbst.

Leider müssen wir aufgrund unserer alltäglichen Beobachtungen in unserer Sprechstunde befürchten, daß viele Kinder heute kaum in die Nähe dieses entworfenen Erziehungsideals kommen. Die Kinder brechen bei der geringsten Belastung zusammen, können keine Freundschaften pflegen, nicht warten, nicht verzichten, nicht geben, sondern nur nehmen usw.

Wir fragten uns, warum den so engagierten Eltern die Erziehung so mißlingt. Sind die Eltern in den Strudel der zerfallenden Strukturen und Werte geraten?

Von der autoritären, »schwarzen Pädagogik« wendete man sich ab und ging in das andere Extrem, in die antiautoritäre Erziehung, um festzustellen, daß weder das eine noch das andere richtig ist und die Wahrheit wohl irgendwo in der Mitte liegt. Aber wo ist die Mitte?

Alte Traditionen taten wir als altmodisch ab, bereits zu einer Zeit, als sich die neuen Denkmodelle noch nicht bewährt hatten. War der Mensch früher eingebunden in Kollektive wie Großfamilie, Kirche und Volk und war er von diesen abhängig, so kann er sich heute von solchen Strukturen lossagen. Er kann in der organisierten Gesellschaft sich selbst genügen und einen nie dagewesenen Individualismus pflegen. Er kann aber auch inmitten der gleichen Gesellschaft vergessen werden und allein und isoliert vor sich hin leben.

Wollte man früher von fernen Ländern oder der Tierwelt etwas erfahren, so mußte man Bücher lesen oder reisen und tauschte seine Erfahrungen und sein Wissen aus. Heute kann man die Informationen über Knopfdruck aus dem Fernseher oder über eine Videokassette beziehen. Wollte man früher Gesellschaftsspiele spielen, so mußte man sich immerhin in Gesellschaft begeben und sich wenigstens mit einem Partner arrangieren. Heute hat man dafür den Computergesellen. Er ist zwar für teures Geld erstanden, dafür mir zu Diensten. Seine feinen Sensoren erfüllen alle meine Wünsche, ohne daß er von mir erwartet, Rücksicht auf ihn zu nehmen. Er ist nicht verärgert, wenn ich ihm grob komme, er ist immer für mich da. Ich muß ihn nur bedienen können – und das kann heute jedes Kind –, aber ich muß mich nicht mit ihm auskennen oder den Geist respektieren, der ihn erfand.

Durch die Technik kam es zu einem Wandel fast aller überkommener Werte: Durch die Mühsal, die der Mensch früher einbringen mußte, bekamen die Dinge einen Wert. Man hat Erreichtes geschätzt und geachtet und man hütete sich, es zu verlieren. Erlebnisse wurden zum Fest. Die Technik heute ermöglicht dagegen ein schnelles Erreichen erwünschter Dinge, die man dann auch nicht so schätzen muß, weil sie zum einen ihre Einmaligkeit eingebüßt haben und rasch zu ersetzen sind, zum anderen, weil man bei ihrer Erlangung kaum persönlich beteiligt war. Man erwirbt und genießt, um wegzuwerfen...

Es zählt, was Gewinn erzeugend produziert, gemessen, gezählt und genutzt werden kann: die berechenbare, beherrschbare Materie. Ideelle verinnerlichte, religiöse Werte zählen weniger. Wir tun heute so, als zähle nur das, was dem Genuß dient und vergessen dabei gerne, daß erst der Verzicht und Verlust uns bewußtmacht, was uns fehlt.

Das geistige Gesetz verlangt, die Kontraste auszuwiegen, um ein Gleichgewicht zu gewinnen. Wenn ich die Kontraste nicht zulasse und mich scheue, sie auszuhalten, dann bin ich weder noch: weder Fisch noch Fleisch, weder Feuer noch Wasser, dann bin ich lau, formlos, kann nicht voll lieben, nicht voll leben.

Das Heimtückische unserer Zeit ist, daß sie uns die Illusion gibt, die zerstörerischen Kräfte müßten nicht gelebt werden. Es erscheint machbar, alle Störungen des Lebens zu beseitigen: Gegen Schmerzen gibt es Tabletten, gegen Feuersbrunst Versicherungen, gegen Alter Hormonspritzen. Die Technik ermöglicht, daß der Winter an Härte eingebüßt hat, daß man das ganze Jahr über frisches Obst essen kann, daß die Nacht zum Tage gemacht werden kann… So verschwand uns eine schöpfungsbedingte Ordnung nach der anderen. Die Verwischung der Polaritäten hat aber auch Einfluß auf unsere Gefühle und unseren Willen. Es ist daher nicht übertrieben zu sagen, daß der sich vor unseren Augen vollziehende Umbruch einen zentralen Angriff auf das Leben selbst bedeutet.

Die Eltern von heute werden viele Fehler machen, so wie auch schon ihre eigenen Eltern viele Fehler gemacht haben. Aber das dürfte nicht abschrecken. Ohne Fehler keine Entwicklung. Ohne Probleme keine Lösung. Entwicklung ist ja nur in Kontrasten möglich und schließt den Fehler ein. Nichts ist gefährlicher für Kinder, als vollkommene Eltern zu haben.

Wir stellten uns mit diesem Buch der Aufgabe, den Eltern einiges bewußter zu machen und ihnen zu vermitteln, was das Kind in den ersten sieben Jahren für seine Persönlichkeitsentwicklung erwirbt.

In der Knospe ist das Geheimnis der Rose verschlüsselt.

Unser Bild vom Menschen

Wir gehen davon aus, daß der Mensch mehr ist als ein materieller Leib mit biochemisch bewirkten Gefühlen und hirnorganisch bedingter Intelligenz. Er ist auch Seele, die aus der göttlichen Welt kommt. Die Seele verbindet sich nach vorgegebenen Gesetzen mit dem Leib und belebt den Leib.

Kein Bestandteil dieser lebendigen Verbindung kann isoliert betrachtet werden. Körperfunktionen, Denken, Fühlen und Wahrnehmen bedingen sich untereinander zu einem Ganzen. Das Entscheidende für die Lebendigkeit ist dabei nicht der Intellekt (auch Computer können scheinbar denken), entscheidend sind vielmehr die Gefühle.

Für die Lebendigkeit des Menschen ist die Liebe das Entscheidende. Sie kann sich nur realisieren, wenn sie nicht einseitig ist: »Du sollst den Nächsten lieben wie Dich selbst.« Sie ist Geben und Nehmen. Diese beiden Prozesse werden dadurch im Fluß gehalten, daß das »Ich« sich ständig in das »Du« einfühlt.

Alle Lebensenergie muß zwischen zwei Polen fließen, wobei der Mensch durch das Auswiegen der Pole seine Mitte findet. Nur in Kontrasten können wir bewußt wahrnehmen, denken und fühlen. Daß Wärme fehlt, merke ich nur, wenn ich friere. Sattsein *kann* nur der schätzen, der Hunger kennt. Auch die Liebe kann nur lebendig werden, indem sie ihren Gegenpol Wut und Haß zuläßt und sich mit ihm auseinandersetzt. Die Kontraste sind kosmische Ordnungen.

Über der fortgesetzten Auseinandersetzung mit den Gegensätzen Anpassung und Durchsetzung, Bindung und Loslösung erwirbt der Mensch den freien Willen und gelangt zu Eigenständigkeit.

Bindung und Loslösung unterliegen dem hierarchisch geordneten Gesetz der Entwicklung. Erst nach erfolgter Bindung kann Loslösung eintreten. Die Entwicklungsstufe, in der das

Grundbedürfnis nach Bindung in dem entscheidend ausgiebigen Maße gesättigt wird und sich allmählich in das erwachende Grundbedürfnis der Loslösung wandelt, stellt die Stufe des Kleinkindes in den ersten drei Lebensjahren dar. Die Seele landet allmählich auf der Erde, und die Geburt des Ich ereignet sich stufenweise.

Weil die ersten drei Lebensjahre die entscheidend wichtigen sind und hier die Wurzeln für das weitere Leben geschlagen werden, muß sich das Kind in dieser Zeit besonders geschützt und geborgen fühlen können. Unter dem Schutz des Nestes macht es seine Schlüsselerfahrungen, aus denen sich seine ganze weitere Persönlichkeitsentwicklung ableitet.

Als »Gast« muß es sich unter allen Umständen geliebt fühlen können, muß verstanden werden und sich auf die »Gastgeber« verlassen können. Unter ihrem Schutz lernt es mit Ängsten umzugehen, Krisen und Widerstände zu überwinden.

Das Selbst des freien Menschen entwickelt sich nur über das aktive Erfahren des eigenen Willens, Fühlens und Denkens. Das Lernen läuft über drei Wege:

Vorbild, spontanes Handeln, Lenkung.

Das Vorbild ist für die erste Zeit besonders wichtig. In dem Maße, wie die Kräfte des Kindes wachsen, traut es sich, die Umwelt zu entdecken. Es braucht die Gewißheit, immer wieder ins Nest zurück zu können, wenn es ihm zuviel wird. Gegen Ende des zweiten Lebensjahres erreicht das Kind die Entwicklungsstufe, in der es handeln möchte, wie der Erwachsene: *Ich* will wie *Du*. Zugleich versucht es sich gegen das Vorbild aufzubäumen und davon zu lösen. Seine erwachenden Willenskräfte gestatten ihm den Trotz, zudem die Lust zur Durchsetzung.

Aus der unmittelbar leiblichen Abhängigkeit, aber auch aus der Abhängigkeit vom Nest entlassen, will es nun immer selbständiger werden. Es will mit seinen mitgebrachten, erst allmählich erwachenden Ich-Kräften in die Welt hineinwachsen.

Es kann aber zu diesem Zeitpunkt die Wirklichkeit in ihren Zusammenhängen noch nicht verstehen. Es befindet sich vielmehr in einer Zauberwelt, der sogenannten magischen Stufe, weshalb es der Wegweisung bedarf, um sein Denken und Fühlen ordnen zu können. Diese magische Stufe dauert mindestens bis zur Einschulung an. Erst dann ist das Kind frei für das reale Denken.

Begleitende Gedanken für den Weg

Das magische Erleben des Kindes in den ersten sieben Lebensjahren

Wie entsteht ein Mensch? Die Antwort kennt heute jeder, und auch unseren Kindern ist sie bekannt: Aus Eizelle und Samenfaden – aber nicht nur! Aus kindlichem Mund stammt: »Ich bin doch nicht aus so was Winzigem geworden, ich bin doch aus dem Himmel zu euch gekommen« ... »Ich will aber nicht in deinem Bauch bei dem vielen alten Essen gewesen sein, ich war doch in deinem Herzen« ... und »Ich will gar nicht wissen, wie das ist mit Mann und Frau, mir reicht's, wenn ihr mich wirklich bei euch habt haben wollen.« Wovon sprechen die drei zitierten Kinder?

Sie sprechen von *ihrer* Wirklichkeit, von ihrer, von inneren Wahrnehmungen geprägten Welt, die für sie so real ist wie für den Erwachsenen die äußere, sicht- und greifbare, durch Naturgesetze beschreib- und überprüfbare Welt. Aber auch die Welt der Kinder hat ihre Logik, nur daß es nicht eine sinnen- und vernunftbewegte Logik, sondern eine Logik des Herzens ist. Das ist das große Geheimnis, das Saint-Exupéry seinem kleinen Prinzen durch den Fuchs zum Abschied schenken läßt: »Man sieht nur mit dem Herzen gut. Das Wesentliche ist für die Augen unsichtbar!«

Im Umgang mit kleineren Kindern kann man feststellen, daß sie immer wieder, aber oft nur für einen kurzen Augenblick und vielleicht nur mit einer einzigen Bemerkung, Einblick gestatten in die Welt ihres Herzens. Gelegentlich wagen sie es auch, sie zu verteidigen, aber nur so lange, wie sie sich angenommen und verstanden fühlen. Es ist ein großer Vertrauensbeweis, wenn sie dem Erwachsenen von ihren unsichtbaren Freunden erzählen, ob es nun Zwerge sind, irgendwelche Geisterchen, Schutzengel (deren Erscheinung sie umschreiben) oder Prinzen und Prinzessinnen oder ganz einfach verwandt und nah empfundene Seelen. Für das Kind sind Stein und Strauch lebendig, und es erfährt auf eine dem Erwachsenen meist verborgen bleibende Weise Schutz oder Bedrohung.

Wenn wir den Verlust der Welt des Kindes beklagen, so meinen wir diese ur-kindliche (ur-menschliche?) Erlebniswelt, die sogenannte *magische Welt*, die, da sie von großen Gefühlen, Staunen, grenzenlosem Vermögen und alles umfassender liebevoller Zuwendung geprägt ist, eine wichtige Voraussetzung für die gesunde Seelen-, und das heißt für die gesunde Persönlichkeitsentwicklung darstellt. Sie ist eine notwendige Durchgangsstufe für die gute Erdung der kindlichen Seele.

Zweierlei ist zu beklagen: Einmal die Tatsache, daß viele Kinder die magische Welt vor der Zeit verlassen müssen, weil sie zu verkopft und an äußeren Strukturen – beispielsweise der unbelebten Welt der Technik – orientiert, erzogen werden. Zum anderen ist – und das ist augenblicklich fast noch häufiger zu beobachten – das Verständnis für das magische Erleben des Kindes dabei, zu verschwinden. Wie anders ist es zu erklären, daß Eltern nicht verstehen, wenn ihr kleines Kind des Nachts ihre Nähe sucht? Wenn ihr Kind den Fernseher abschaltet, weil es nicht erträgt, daß der Hase gejagt wird?

Wer nicht verstanden wird, fühlt sich einsam und ungeliebt. Wollen wir, daß unsere Kinder sich so fühlen? Doch wohl nicht! Aber, wenn wir uns nicht einfühlen in ihre Welt und sie behutsam herüberleiten in die Welt der Erwachsenen, müssen sie sich verlassen, verloren, unverstanden und überfordert fühlen.

Es ist eine große Gefahr unserer Zeit, daß wir dazu neigen, das Kind zu überfordern, weil wir es als eigene Persönlichkeit achten wollen. Und unsere Tendenz, in ihm einen kleinen Erwachsenen zu sehen, führt letztlich dazu, daß wir es um sein Eigentliches bringen. Wir berauben es seines weisheitsvollen Wissens, das es uns zur Verfügung stellen will, daß der Mensch nicht nur von dieser Welt ist. Er ist aber in diese Welt hineingestellt und muß sie sich erobern und stufenweise erarbeiten. Dieser Vorgang ist jeweils eine Schöpfungsgeschichte, um nichts kleiner oder weniger wunderbar. Der Atem des Schöpfers, unsere Seele, wird einer Leiblichkeit eingewoben. Von der traumhaften Wahrnehmung des Anfangs geht der Weg zum erwachenden Bewußtsein!

Wohlgemerkt: Das kindliche Erleben und Denken wächst langsam und in bestimmten Stufen. Erst nimmt das Kind mit Hilfe seiner Sinne nur einzelne Aspekte der Wirklichkeit wahr – indem es den Rhythmus im wiegenden Bauch der Mutter spürt, dem Herzschlag der Mutter lauscht, die Stimme des Vaters wahrnimmt, später den besonderen Geruch der Mutter. Eine ganze Zeit lang ist es reine Wahrnehmung, oder anders ausgedrückt, ist es ein einziges, großes Wahrnehmungsorgan!

Es schaut, lauscht und betrachtet, wenn es sich sicher und geborgen fühlt. *So* kann der Blick des Menschen nie mehr ruhen wie in der ersten Säuglingszeit, und so viel Zeit, wie das kleine Kind hat, hat der erwachsene Mensch nie mehr! Das kleine Kind hat ein völlig anderes Maß und ist im wahrsten Sinn des Wortes noch der Ewigkeit verbunden! »Weißt'«, sagt der sechsjährige Martin zu seiner Mutter, als sie ihn rügt, weil er wieder nicht pünktlich vom Spiel zurückgekommen war, »ich bin halt noch ein bißchen ewig!«

Wer in aller Ruhe schaut, der schaut genau hin! Wer so lauscht, hört genau hin! Wer so betrachtet, der nimmt *wahr*, und zwar jede Kleinigkeit, feinste Empfindungen, leise Töne!

Das kleine Kind kann nur *wahrnehmend* »denken«, und durch die Tätigkeit seiner Sinne verbindet es sich mit der Welt. So kommt es, daß es sich als Zentrum seiner Erlebniswelt empfindet und deshalb alles, was es erlebt, magischerweise auf sich beziehen muß.

Erst mit etwa sieben Jahren ist sein Denken soweit herangereift und gewandelt, daß es Situationen analysieren kann. Jetzt erst ist es beispielsweise in der Lage, im Gang der Gedanken rückwärts zu gehen. Jetzt erst entsteht sein Zeitempfinden, hat es eine Vorstellung von Vergangenem und Zukünftigem. Bis dahin aber war es ganz Gegenwart. Jetzt erst könnte es beispielsweise kleine Rechenoperationen bewältigen; jetzt erst bemerkt es, daß es auch abziehen und nicht nur zusammenzählen kann. Sein ganzes Denken konnte aber bis dahin nur vorwärts gerichtet sein und zum Ganzen streben.

Zwischen der elementaren Wahrnehmung und dem analytischen Denken bedarf es langwieriger Vorerfahrungen und Erkenntnisse, die zunächst zwischen dem Traum und der Wirklichkeit schwanken. Das (kleine) Kind neigt dazu, leblose Dinge zu beseelen und als lebendige Wesen zu betrachten. So meint es beispielsweise, daß der Einkaufswagen »böse« ist, weil er wegrollt. Es empfindet sich als Mittelpunkt, weil es selbst noch wesenhaft mit der Welt verbunden ist, und bezieht infolgedessen alles Geschehen auf sich selbst.

Der vierjährige Klaus, der beim Überqueren der Straße angefahren wurde, war davon überzeugt, daß das Auto weiß, daß er über die Straße gehen möchte, und er erwartete deshalb, daß es für ihn hält. Der zweieinhalbjährige Thomas war in gleicher Weise davon überzeugt, daß es sich ganz so verhielt, wie er es empfand, als er mit seiner Mutter und einer Tante zusammen den Halbmond sah und begeistert ausrief: »Guck da, der Mond, den hat der Thomas kaputt gemacht!«

Ein Kind auf dieser Stufe ist davon überzeugt, daß die Sonne scheint, weil es seinen Teller leer gegessen hat. Und mit der gleichen Überzeugung bezieht es auch Streitigkeiten seiner Eltern auf sich, als wäre es mitschuldig, und versucht, aus einem unheimlichen Schuldgefühl heraus, verzweifelt zu schlichten. Ebenso betroffen fühlt es sich durch die Erschöpfung seiner alleinstehenden, berufstätigen Mutter…

Erst mit dem Überwinden dieser ersten, zunächst nur traumähnlich wahrgenommenen, später ganzheitlich und stets vom Zentrum des eigenen Wesens aus erlebten magischen Welt und dem Erwerb des analytisch-logischen Denkens – etwa zum Zeitpunkt des siebten Lebensjahres – gleicht sich das kindliche Denken und Erleben *allmählich* dem Denken und

Erleben des Erwachsenen an. Erst jetzt darf man davon ausgehen, daß das Kind mit der Welt des Erwachsenen umgehen kann. Erst jetzt ist das Kind mit seiner Erlebnismöglichkeit auf der Welt und damit in der vom Erwachsenen als Realität betrachteten Welt angekommen.

Die Bilderwelt des Kindes

Vor-Bilder

Erziehung heißt investieren, ohne an das Ziel und den Ertrag zu denken. Sie ist Liebe ohne Absicht. Sie bedeutet, sich selbst voll und ganz zur Verfügung zu stellen, ohne sich aufzugeben. Erziehung bedeutet Respekt vor dem andersartigen Weg des Kindes, aber sie beinhaltet, daß man den Start dazu durch das eigene *Vorbild* sichert.

Für die Nachahmung des Vorbildes ist das Kind in den ersten sieben Jahren besonders empfänglich, da es in diesem Alter ein einziges Wahrnehmungsorgan ist. Es möchte durch das Er-Greifen be-greifen. Es möchte das Spürbare, das Sicht- und Hörbare wahrnehmen. Deshalb verlangt es mit seinem ganzen Wesen nach einem wahrhaftigen Vorbild. Mit allen Sinnen nimmt es das Vorbild des Mitmenschen in sich auf. Es ist das Vorbild, das wirkt, mehr als alle Erziehung.

Dazu bieten sich im Alltag unzählige Gelegenheiten. Das Kind muß nur in der Nähe seines Vorbilds sein dürfen. Sind es Mutter oder Vater – so wird es in gewisser Weise wie Mutter und Vater; ist es die Großmutter oder eine Tagesmutter, so wird es in gewisser Weise wie Großmutter oder Tagesmutter. Sind es unruhige, sprunghaft spielende und aggressive Spielkameraden, so wird es in gewisser Weise wie sie. Je jünger es ist, um so weniger kann es sich dagegen wehren.

Muß es sich auf zu viele und gar noch häufig wechselnde Personen einstellen, so ist sein eigener seelischer Formungsprozeß nachhaltig gestört, weil es einer Menge unverständlicher, auch unzusammenhängender, verzerrter Bilder ausgeliefert ist, die es in seiner Welt nicht einordnen kann.

Simon, der noch nicht ganz drei Jahre alt ist, lebt mit seiner alleinstehenden Mutter. Sie hat ihm noch nie zugemutet, allein zu sein. Stets war sie darauf bedacht, ihm Babysitter zu sichern, wenn sie stundenweise außer Haus war. Folgende Situationen waren für Simon eindrucksvoll:

Es klingelt. Die Großmutter, zu der Simon eine vertraute Beziehung hat, kommt zu Besuch. Seine Mutter begrüßt sie ohne Umarmung und ohne Händedruck, nur mit den Worten: »Mensch, jetzt kommst du erst, ich dachte schon, du kommst überhaupt nicht«, und schon ist die Mutter zur Tür hinaus.

Ein anderes Erlebnis: Es klingelt. Eine Freundin seiner Mutter kommt, die Simon kaum kennt, weil sie meistens dann kommt, wenn Simon schläft. Die Mutter umarmt sie stürmisch und sagt: »Wenn ich dich nicht hätte!«

Eine weitere Situation: Es klingelt. Die Mutter ist wieder auf dem Sprung. Es kommt ein Bekannter, der für heute die Aufgabe übernommen hat, Simon zu hüten. Die Mama sagt: »Guck mal, Simon, wer da heute zu dir kommt. Der Werner ist da!« (Sie hätte auch sagen können: »Guck mal, der Osterhase ist da«, denn Werner bringt einen Osterhasen aus Schokolade mit.)

Am nächsten Tag: Es klingelt. Heute kommt unerwartet Heinz-Jürgen, ein Freund der Mutter und auch ein Freund von Simon. Die Mutter begrüßt ihn dadurch, daß sie ihm einen zärtlichen Stoß in den Bauch verpaßt und sagt: »Du bist mir einer!« Und Heinz-Jürgen sagt, indem er mit einem Ruck seine Mütze vom Kopf reißt und zu Boden schleudert: »Ich bin der Osterhase!« und er verlängert seine ohnedies nicht gerade kleinen Ohren mit den Händen, die er wackeln läßt.

Tags darauf: Simon darf an der Tür seiner gelegentlichen Tagesmutter klingeln. In ihm ist noch der stärkste Eindruck der letzten Tage wirksam. Er steht da als leibhaftiger Osterhase, der mit den Ohren wackelt und freut sich auf den zärtlichen Stoß in den Bauch. Die Pflegemutter begrüßt ihn jedoch mit: »Da bist du ja, mein Mäuschen!«, wendet sich ab und fragt die Mutter: »Übrigens, hat er sein ›Geschäft‹ heute schon erledigt oder muß ich ihn noch topfen?« Sie läßt die freundlich klappernden Osterhasenohren völlig außer acht, nimmt nicht einmal Blickkontakt auf, bevor sie Simon auf den Topf setzen will.

Noch ein Vor-Bild: Simon darf heute die Oma besuchen. Er klingelt. Die Oma wird alsbald erscheinen. Was soll er jetzt tun?

In all den Begrüßungssituationen war die Mutter seine durchgehende Bezugsperson. Soll er jetzt zur Begrüßung seine Mütze – wie Heinz-Jürgen – zu Boden werfen und mit den Ohren wackeln oder soll er – wie die Mutter – der Oma einen liebevollen Stoß in den Bauch geben? Soll er die Oma stürmisch umarmen oder sie am Rock ziehen, oder soll er nörgeln und einfach an der Oma so vorbeigehen? Er entschließt sich dazu, die Mütze vom Kopf zu reißen und mit den Ohren zu wackeln, weil er auch ein Osterhase ist. Aber die Oma sagt nicht etwa: »Grüß Gott, lieber Osterhase!«, als den er sich soeben fühlt. Sie sagt: »Aber das macht man doch nicht, du lieber Strahlemann, gib mir doch das schöne Händchen!«

Simon gibt sein Händchen nicht. Er ist verwirrt, behält seine Hände für sich und hört schon gar nicht mehr, daß die Oma sagt: »Wenn du mir die Hand nicht gibst, dann brauchst du gar nicht mehr zu mir zu kommen!«

Die Erklärung für Simons Verhalten und seine Verwirrung liegt in der Wirkung von Vorbildern in der sogenannten *magischen* Erlebensstufe, die für die ganze Persönlichkeitsentwicklung des Kindes eine zentrale Bedeutung hat.

Erinnern wir uns: In der magischen Stufe erlebt sich das Kind als die Mitte seiner Welt, es ist mit der Welt verbunden, und in gewisser Weise ist es die Welt selbst. Es kann sich nicht herausnehmen aus dem, was es sieht und erlebt, und es kann sich schon gar nicht heraushalten.

Erst wenn das Kind in der Sprache über »ich« und »du« verfügt, also nach der Trotzphase, fängt es an, sich aus den Gefühlen seines Umfelds herauszunehmen. Wenn es erste Ansätze des analytisch-kritischen Denkens erworben hat, etwa zum Zeitpunkt der Einschulung, fängt es an, sich von den Vorbildern seiner Umwelt abzusetzen. Aber den Drang, an den Vorbildern vorbeizugehen, hat es erst sehr viel später, nämlich in der Pubertät.

Jetzt fängt das Kind an, eine eigene freie Persönlichkeit zu werden. Es hat über die Vorbilder seine Form erhalten, muß sie jetzt korrigieren und auf das eigene Maß bringen, um so allmählich selbst ein Vorbild für die Nachkommenden zu werden.

Erst um die Zeit der Pubertät hat es von seiner Persönlichkeitsreifung her die Voraussetzung, ein Gegenüber zu sein. Erst wenn es in diese Opposition gehen kann, beginnt seine eigene Weltanschauung, seine eigene Persönlichkeitsbildung und es kann den eigenen Auftrag erkennen und annehmen!

Dies kann man sich nicht oft genug in Erinnerung rufen. Denn muß ein Kind vor der Zeit auf Vorbilder verzichten und in eigener Verantwortlichkeit handeln oder tragende Entscheidungen für sich treffen – aus dem Mißverständnis heraus, das Kind sei schon eine zu freien Entscheidungen befähigte Persönlichkeit –, so überfordert man das Kind. Überforderung aber führt nur allzu leicht zu Nervosität, Schlaflosigkeit, allerlei Körpersymptomen, aber auch Fehlverhalten, Ängsten und Einsamkeit.

Halten wir fest: Bevor das Kind im Zuge der Pubertät zur eigenen Entscheidung befähigt ist, ist es auf Vorbilder angewiesen. Nur über das Vorbild kann es das Grundrepertoire für sein Handeln ausbilden!

Will man, daß das Kind später bereit ist, auf seine Mitmenschen zu reagieren, so muß ich es ihm vorleben. Es schadet dem Kind, wenn ich auf seine Rufe nicht reagiere und statt ihm seine Frage zu beantworten gedankenverloren in meiner Illustrierten blättere, weil ich mich abgespannt und müde fühle. Das lebensprühende Kind kann sich nämlich nicht einfühlen in meine objektiv berechtigte Müdigkeit. Es bezieht meine Zurückgenommenheit und Verstimmung auf sich und fühlt sich, weil es nicht beachtet wird, nicht geachtet.

Wenn ich will, daß das Kind Regeln akzeptiert, ist es zuallererst an mir, Regeln zu akzeptieren!

Folgendes Beispiel illustriert dies sehr anschaulich: Obgleich kein Auto weit und breit in Sicht ist, respektiere ich in Gegenwart meines Kindes die Botschaft der Verkehrsampel »Rot« und bleibe stehen. Dadurch spreche ich in meinem Kind nicht nur den Verkehrsteilnehmer an, sondern viel mehr. Ich sage ihm ohne Worte, daß man im Leben durchaus Situationen durchhalten kann, die durch Regeln sinnlos geworden erscheinen, ohne daß ich mich dadurch verliere.
Will ich, daß das Kind im Leben Pflichten annimmt, wäre es ihm keine Hilfe, von mir immer wieder zu hören: »Ich habe gar keine Lust, heute zur Arbeit zu gehen« und zu erleben, daß ich es mir zu Hause angenehm mache. Vielmehr bietet sich mir in diesem Fall die Gelegenheit, dem Kind zu erklären, was Pflicht ist: daß sie nicht Selbstzweck ist, sondern meist mit der Achtung eines Mitmenschen zu tun hat. Zugleich kann ich dem Kind Einblicke in Zusammenhänge der Arbeitswelt gewähren: Wenn ich als Schaffner ausfalle, muß für mich ein anderer einspringen. Wenn ich als Kfz-Mechaniker fehle, wird das versprochene Auto nicht rechtzeitig fertig; wenn ich im Büro fehle, muß ein anderer meine Arbeit tun… Wenn ich also ausfalle, geht es auf Kosten anderer. Aus Rücksicht und Achtung vor dem anderen werde ich meine Unlust überwinden und lebe dies dem Kind vor.
Wenn ich will, daß das Kind lernt, seine Gefühle und Wünsche wahrheitsgetreu zu äußern, dann muß ich als sein Vorbild ihm dafür auch die Form anbieten!
Keinesfalls sollte ich ihm Lüge und Scheinheiligkeit vorleben. Den Schafspelz der Unwahrhaftigkeit darf ich nicht anziehen. So kann ich nicht äußern: »Hoffentlich kommt die Oma an diesem Wochenende nicht schon wieder!«, und wenn sie dann da ist sagen: »Wie schön, daß du schon wieder da bist!« Und wenn ich zu Hause sage: »Die blöde Kindergärtnerin, die bringt noch unser ganzes Familienleben durcheinander!«, ist es nicht glaubwürdig, wenn ich bei der Begegnung mit ihr töne: »Ach, liebste Frau… wie Sie sich bemühen!«

Die Wirkung des Vorbilds reicht in alle Dimensionen, wie folgende Erzählung einer von uns betreuten Mutter zeigt: »Als ich klein war, spürte ich die Verbindung zu den höheren Mächten, zu den Engeln und zu Gott, und ich erkannte, daß den Schlüssel zu dieser Welt meine Mutter besaß, denn sie wußte, wann der Gottesdienst ist, den mein Vater belächelte, und welche Bücher man darüber liest. Sie lebte mir die Verbindung einfach vor, und ich hatte über viele Jahre die Empfindung, mit dem Schlüssel der Mutter an die großen Tore zu gelangen...«

Abzieh-Bilder

Wenn man von klein auf zu hören bekommt:

> Das ist unser Dummerle...
> Der ist ein Taugenichts...
> Du bist der Clown in unserer Familie...
> Du hast zwei linke Hände...
> Du machst doch nie etwas gescheit...

dann kleben diese Bilder wie Teer an dem sich langsam einfärbenden *Selbstbild* des Kindes. Solche »Ein-Bildungen« treiben ihr Wesen und Unwesen bis ins Erwachsenenalter, ebenso wie diejenigen, die angenehmer klingen:

> Sieht sie nicht aus wie eine Prinzessin...
> Du bist halt unser Prinz...
> Ja, du bist unsere Gutmütige...
> Auf dich kann man sich immer verlassen...
> Du bist ganz der Opa...

Auch diese Worte werden einverleibt. Wer trägt nicht eine solche Ein-Bildung, ein solches Vorprogramm, Vor-Urteil, Verurteilt-Sein in sich, denn solche Aufträge verpflichten.

Es kostet Kraft, sich von den übergestülpten Selbstbildern zu lösen, Kraft, die ein Kind meist noch nicht hat. Es kostet Kraft, mit dem negativen Bild zu leben und dem positiven gerecht zu werden, und es kostet auch Kraft, wenn das positive Bild der Realität nicht standhält oder plötzlich zusammenbricht. Wenn man beispielsweise in der Schule entdecken muß, daß man doch kein Allerbester ist und die anderen Kinder nicht die Prinzessin erkennen können, die man jahrelang zu sein glaubte. Die aus Worten entstandenen Einbildungen formen ganz unbemerkt die kindliche Persönlichkeit im Guten wie im Bösen. Aber auch die nicht ausgesprochenen Botschaften prägen das Kind:

> Er ist etwas Besonderes...
> Er wird einmal den Betrieb vom Großvater übernehmen...
> Die wickelt bestimmt jeden Mann um den Finger...

Sehr oft verbergen sich hinter solchen Erwartungen eigene unerfüllte Lebenswünsche, die jetzt die Eltern auf das Kind übertragen, so daß es nicht seine eigenen, sondern die Erwartungen der Eltern lebt und deren Vorstellungen vom Leben. Es wird dazu gebracht, am eigenen Bild vorbeizuleben, dem Bild, das es von sich mit auf die Welt brachte.

Zwar weiß das kleine Kind von seinem Auftrag und wer es eigentlich ist noch nichts, aber die Vorprogramme hindern es auch, sich selbst zu entdecken, sich selbst zu finden.

Das ganze Leben über wirken solche Vorurteile, aber besonders in der magischen Stufe, in der Zeit vor der Einschulung. Hier kann sich das Kind am allerwenigsten herausnehmen aus dem, was es umgibt. Das Schlimmste, was man ihm antun kann, ist ihm das Vertrauen zu entziehen, seinen eigenen Weg zu schaffen.

Jedes Kind geht zunächst einmal vertrauensvoll an das Leben heran und vertraut sich seinen Eltern an. Man muß nur die Bilder auf sich wirken lassen, die jeder kennt: Ein Säugling, der im größten Durcheinander auf dem Arm der Eltern schläft! Nie wieder kann der Mensch so vertrauen wie in der frühen Kind-

heit. Aber es ist auch nie mehr so viel Hingabe, Eifer und Unverdrossensein im Menschen wie in der ersten Kindheitsphase. Mit welcher Unermüdlichkeit übt der Säugling die Aufrichtung, das Kleinkind das Laufen: Es fällt, steht auf, fällt, steht wieder auf, fällt... und bleibt bei allem bester Laune!
Den Mißerfolg gibt es für das Kind in der frühen magischen Phase nicht. Es ist ja die Mitte seiner Welt und staunt immer wieder darüber, was es hervorbringt, ohne werten zu müssen, ja ohne überhaupt werten zu können.
Ob es seine Sache gut oder weniger gut macht, wird ihm von außen gespiegelt – durch die Reaktionen seiner Eltern, Geschwister, Freunde. Das kleine Kind ist einfach wie es ist!

> Es ist kein Dummerle, kein Taugenichts,
> es ist nicht gutmütig, aber auch nicht bösartig,
> es ist nicht der Opa –
> es ist einfach immer es selbst –
> im Spiegel seiner Umwelt.

Die Reaktionen seiner Umwelt wirken an seinem Selbstbild mit. Will man es nicht schon in der Entstehung schwächen, so ist vor allen Dingen wichtig, daß man keine negativen und leistungsbezogenen Aufträge und Festschreibungen mitgibt wie: »Ach, du wirst das nie lernen, du machst doch immer alles kaputt...«
Für das Kind in der magischen Stufe ist es gerade in bezug auf sein Selbstbild wichtig, daß man ihm die Möglichkeit einräumt, sein Noch-nicht-Können und seine Schwächen übend zu überwinden. Man sollte ihm spiegeln »du mußt zwar noch üben, weil du noch am Anfang von deinem Weg bist«, aber nicht »du bist unfähig« oder »du bist schwach«. Man kann ruhig davon ausgehen, daß jedes Kind die Eigenschaften, Begabungen und Fähigkeiten mitbringt, die es für sein Leben braucht. Die Aufgabe wird sein, das Kind aufmerksam zu begleiten. Im abgesteckten und durchaus geregelten Schonraum soll es seine Möglichkeiten entwickeln können und sich ihrer bewußt werden.

Sein Tun sollte durchaus kommentiert werden, und zwar realistisch, aber auch gütig, seine Fehler oder sein Noch-nicht-Können müssen besprochen werden, aber mit Hoffnung auf Überwindung: »Gell, das macht dir Mühe« oder: »Das ist noch ein bißchen schwierig für dich, aber es freut mich, daß du nicht aufgibst!« »Laß dir Zeit, du wirst es schon noch schaffen.« Oder: »Ja, mit dem Ferdinand hast du gerade viele Schwierigkeiten, aber weißt du noch, wie schön ihr vor kurzem noch miteinander gespielt habt? Du bist doch sein guter Freund, dann hilf ihm, daß er wieder mit dir spielen kann!«
Für den Erwachsenen von morgen, der in völlig neue äußere und geistige Zusammenhänge eingebunden sein wird, ist es erforderlich, daß er auch neue Bilder in sich trägt. Erziehungsziel könnte deshalb sein, daß ein Kind von sich weiß, daß

- es auf alle Fälle durchhalten kann,
- es stärker als seine augenblickliche Schwäche ist,
- es mit Entbehrungen umgehen kann,
- es Verantwortung für sich und seine Nächsten tragen kann,
- es Ehrfurcht vor Höherem, Gleichem und Niederem, Ehrfurcht vor der ganzen Schöpfung hat,
- es dienen kann, ohne sich etwas zu vergeben,
- es kein stumpf Verbrauchender ist, sondern ein kreativ Schöpfender,
- es der Herr seiner Welt ist, es aber auch weiß, daß die Welt unter einem geistigen Gesetz steht. Gegen dieses kosmische Gesetz darf es nicht verstoßen.

Eigene Bilder

Verschiedentlich schon haben wir darauf hingewiesen, daß das Kind der magischen Stufe eine besondere Beziehung zur Welt der Bilder hat, in der es, selbst ein Bild – ein Abbild – dessen, was es vorfindet, ganzheitlich lebt. So wie es die Vorbilder in sich aufnimmt und sich zur Eigenschaft werden läßt, so steigen ihm auch eigene Bilder aus der Seele auf, die es im Größerwerden formt.

Mit der Trennung von »Ich« und »Du«, die das Kind im Trotz durchlebt und vornehmen muß, wird es zugleich frei für die eigenen Gedankenschöpfungen.

Braucht das Kind bis dahin wahrnehmbare Vorbilder, die ihm seine Welt ordnen und strukturieren helfen, so fängt es jetzt an, die Welt mit Hilfe seines erwachenden kombinierenden Denkens und seiner frei gewordenen Phantasie auf Wahrhaftigkeit hin zu überprüfen. Es nimmt noch immer aus dem Zentrum seiner Welt heraus wahr, die es mit seiner Phantasie belebt. Es fügt zu den Vorbildern neue, aus seinem Seelisch-Geistigen geborene Bilder hinzu. Dabei geben die Vorbilder, die es hatte, die erste Form für die eigenen Bilder. Realwelt und erdachte Welt, Wirklichkeit und Traum kann es noch nicht voneinander trennen.

Ein Beispiel mag dies erläutern:

Die kleine Elisabeth, etwa zweieinhalb Jahre alt, wächst in bäuerlicher Umgebung auf. Sie sammelt die Federn des frisch gerupften Suppenhuhnes und pflanzt sie gewissenhaft eine nach der anderen in langer Reihe in die Erde, felsenfest davon überzeugt, aus jeder Feder könne ein Küken erwachsen. Für sie waren die Federn zur samentragenden Frucht des Huhns geworden, und was sie im Umgang mit Pflanzen schon gelernt hatte, übertrug sie nun mit ihrer erwachenden Phantasie, aber auch ihrem erwachenden kombinierenden Denken, auf eine ihr neue Situation. Es ist nicht auszuschließen, daß sie mit ihrem Handeln auch eine Art Trauerarbeit leistete und dem Huhn dadurch das ewige Leben sichern wollte. Jedenfalls sah sie, während sie die Federn pflanzte, Heerscharen von kleinen Küken aus der Erde hervorwuseln, und sie hörte ihr aufgeregtes Piepsen. Gleichzeitig bemerkte sie das Staunen der anderen, die ihr Werk lobten, und großzügig gab sie an andere Kinder von ihren Küken ab, freute sich an ihrem erdachten, ihr aber doch zur Wirklichkeit gewordenen Bild und lachte vor Vergnügen vor sich hin. Das Lachen ihrer Eltern und älteren Geschwister riß sie aber aus ihrem allmächtigen Traum und brachte sie jählings wieder auf den Boden der Wirklichkeit zurück!

Halten wir auch an dieser Stelle fest: Das Kind greift immer das Vorbild als eine Art Schablone auf, die es mit seinem zunehmenden Denk- und Vorstellungsvermögen schöpferisch verwandelt. Ob es tut, denkt oder fühlt, es geht immer vom Vorbild aus. Daher ist es nicht einerlei, welche Vorbilder in ihm veranlagt sind. Dies gilt auch für die Vorbilder im Prozeß des seelisch-geistigen Erwachens. Leider wird vielen Kindern heute oft der wahre Zugang zum Seelisch-Geistigen verstellt, indem man ihnen die Ausformung ihres eigenen Inneren verwehrt. Man gibt ihnen über Bücher, Comics und Filme fertige, oft verzerrte, häßliche und angsterzeugende Bilder. Das in jedem Kind vorhandene, zum Erwachen und zur Entwicklung drängende Geistige wird in einer Art Konserve gefangen, bevor es den Prozeß der Entwicklung antreten konnte. Gerade im Seelisch-Geistigen ist der Prozeß, der Weg das Entscheidende. Denn der Prozeß der Wandlung kommt der Suche nach Wahrheitsfindung gleich, er bedeutet Lebendigkeit im Denken, Fühlen und Handeln. Erst wenn wir wieder werden wie die kleinen Kinder, deren Herz alles durchdringt, verwandelt und belebt, werden wir wieder in den Garten des ewigen Lebens, ins Himmelreich zurückfinden können!

Der Drang nach Erkenntnis um jeden Preis und die Verblendung, selbst ein Schöpfer sein zu können, ohne die Existenz einer geistigen Realität und höheren geistigen Instanz miteinbeziehen zu müssen, hat uns hart an den Abgrund geführt. Aber der Weg zurück ist noch offen – sofern wir kindliches Wesen zulassen und es zukünftig in bewußterer Form wieder pflegen.

Das Kind der magischen Stufe lebt aus der Intuition. Es hat eine natürliche Mystik und eine lebendige Beziehung zur unsichtbaren Welt. Es schöpft daraus Sicherheit, Trost und Kraft, aber es hat die Schwierigkeit, dieses lebendige Wasser, dieses in sei-

nem Herzen aufbewahrte Lebenselixier herüberzubringen in nachfolgende Stufen der Reife.
Zunächst handelt es sich um einen verborgenen Schatz, der dem Kind völlig unbewußt bleibt. Nur wenn der Schatz gehoben und allmählich bewußtgemacht werden kann, ist er zu retten und steht für Zeiten der Not zur Verfügung. Um ihn haben zu können, braucht das Kind, entsprechend dem schon oft erwähnten Entwicklungsgesetz, wiederum eine »Vor-Form«, ein Gefäß, in das es den Schatz hineingießen kann – Bilder, die ihm eine Vor-Formung des seelisch-geistigen Erlebens erlauben. Es braucht Bilder, die ihm die Trennung von Gut und Böse, Arm und Reich ermöglichen, die ihm erlauben, Ideale wie Ehrlichkeit, Tapferkeit, Edelmut bildhaft zu erleben. Blind um sich schießende Helden, die kurzen Prozeß machen, wie dies in vielen Filmen geschieht, sind keine guten »Vor-Formen«, keine Gefäße, für den sich formenden kindlichen Geist, weil sie den seelisch-geistigen Werdeprozeß gar nicht erst verlangen.
Die kindliche Seele braucht Geschichten, in denen die Lebenskraft wirkt. Sie verlangt nach »Vor-Formen«, die sie aus den Vorbildern der äußeren Welt übernehmen, aber lebendig verwandeln kann. Sie verlangt nach Symbolbildern, wie sie beispielsweise Märchen, Legenden und Sagen anbieten. Um seine Phantasie und damit die Grundlagen seines seelisch-geistigen Lebens gesund entfalten zu können, braucht das Kind Bilder, die es nur mit seinem Herzen verstehen kann.
In den Bildern des Märchens erlebt das Kind Glaube, Liebe, Hoffnung. Auch aus dem Jüngsten und Dümmsten kann noch etwas Rechtes werden, wenn er sich nur treu, wahrhaftig und tapfer verhält, wozu er durch die Liebe befähigt wird. Das Kind erlebt im Märchen Prozesse der Verwandlung, Überwindung und Berufung und vollzieht sie in der magischen Stufe nach. Im Frosch oder im Bären kann der einstmals verfluchte, verwunschene Prinz erlöst werden, wenn sich sein Schicksal erfüllt hat und die Liebe einer reinen Seele wirkt. Das Kind erfährt im Märchen, daß man, um Höheres erlangen zu können, Entbeh-

rungen und Prüfungen durchstehen muß, daß man auch auf dem schwierigsten Weg auf Helfer hoffen darf und daß letztlich das Gute, der lebensbejahende Pol siegt. Dadurch bekommt es Herzensbildung, und es erwächst ihm Lebenskraft und Trost.
Es erfährt aber auch, was geschieht, wenn man einer Anordnung nicht folgt, obwohl man über das Ausmaß der Konsequenzen nicht belehrt wird. Die Mutter sagte dem Rotkäppchen: »Geh hübsch sittsam und lauf nicht vom Wege ab...!« Doch Rotkäppchen läßt sich vom Wolf anstiften, tiefer in den Wald hinein zu gehen. Weil es der Großmutter einen Strauß mitbringen und ihr damit Freude machen wollte, unterschätzte es die Gefahr. Weil es nicht zur rechten Zeit bei der Großmutter war, konnte der Wolf die Großmutter täuschen! Der Wolf als das Symbol des sich über Ungehorsam einschleichenden Bösen begegnet uns nochmals im Märchen von den sieben Geißlein. In beiden Geschichten nimmt das Kind verschiedene Belehrungen mit. Wenn man ein Verbot überschreitet, so hat das Folgen, die man büßen muß, aber danach ist die Welt wieder in Ordnung. Auch die Eltern könnten, indem sie in die magische Welt des Kindes mit einsteigen, Vorbilder für sich finden. Sie könnten sich beispielsweise die nicht nachtragende Haltung der Großmutter oder der alten Geiß in ihrer Erziehungshaltung zu eigen machen!
Im Märchen wird auch die Notwendigkeit von Aufgabenerfüllungen und Prüfungen deutlich. In der Geschichte von Frau Holle erfährt beispielsweise die Goldmarie reiche Belohnung, weil sie sah, wo ihre Hilfe gefragt war, und sie tatkräftig half, indem sie das Brot aus dem Ofen nahm, indem sie die Äpfel vom Baum schüttelte und sie treu und gewissenhaft Frau Holle diente. Beeindruckend zeigen die Gestalten der Stiefschwestern im Aschenputtel oder die Gestalt der Königin in Schneewittchen, daß hinter der eleganten reichen Fassade, die sich selbstverherrlichend aufbläst, sich nur ein schwaches, liebesunfähiges *Ich* verbirgt, das der Begegnung und Auseinandersetzung mit dem Echten und Bescheidenen letztlich doch nicht standhält.
Wie aber soll ein des Lesens noch unkundiges Kind an Märchen

herangeführt werden? Über die Medien, über Videos oder Kassetten? Obgleich die konservierte Geschichte nicht gerade schädlich wirkt, insbesondere, wenn das Kind sie nur hört, so ist es doch besser, dem Kind wird die Geschichte direkt von der Mutter oder vom Vater erzählt. Der Erwachsene wird abschätzen können, was er der Aufmerksamkeit seines Kindes zumuten kann. Er kann kurze Geschichten wählen oder längere abkürzen und wird feststellen, daß sein Kind äußerst konservativ ist und schon bald größten Wert auf den immer wiederkehrenden gleichen Wortlaut legt. Nicht die Vielfalt der vorgetragenen Geschichten entscheidet über den wachsenden Seelenreichtum des Kindes, sondern wie die Geschichte in seinem Herzen Fuß faßt. Je besser das Kind beim Erzählen zuhören kann, um so mehr wird man übergehen können auf das Vorlesen von Geschichten.

Ob man nun erzählt oder vorliest, die Aufmerksamkeit des Kindes wird man nur dann gewinnen, wenn der Inhalt der Geschichte der Erlebenswelt des Kindes entspricht. Je jünger das Kind ist, um so konkreter muß die Geschichte von seinen wahrgenommenen Erlebnissen abgeleitet werden. Dem Zweieinhalbjährigen kann ich zum Beispiel erzählen, was das Kätzchen der Familie auf seiner Nahrungssuche alles erlebt hat. Es suchte die Milch in der Küche oder das Mäuschen im Keller und im Garten. Es fand das soeben von Hänschen verschmähte Fläschchen, trank es aus, legte sich ins Bettchen und schlief ein. Würde man dem Kind auf dieser frühen Stufe die Geschichte von dem Wolf und den sieben Geißlein erzählen, so würde es die Geschichte nicht verstehen können, wohl aber die Tatsache, daß der Wolf, nachdem er einen vollen Bauch hatte, trinken und trinken mußte, bis er in den Brunnen fiel.

Für ein vierjähriges Kind, das bereits Abenteuerlust verspürt, manchmal von zu Hause wegläuft und schon verkündet, daß es gerne schwimmen lernen möchte, eignet sich beispielsweise die Geschichte von dem kleinen Entchen vom Bodensee, dem die Eltern rieten, die Flossenbremse nicht zu lösen, da es sonst auf den See hinausgetrieben werde und die Eltern verlieren würde.

Aber das Entchen folgte nicht, wurde weit hinausgetrieben, kam an das andere Ufer und weinte. Es weinte so heftig, bis der See so viel Wasser hatte, daß er das Entchen mitnehmen konnte und es wieder zu den Eltern brachte.
Einem vierjährigen Kind kann man noch nicht unbedingt von Prinzessinnen erzählen. Das kann man erst dem Kind, das sein »Ich« schon vielfältig ausgekostet hat und das schon in andere Rollen spielend einsteigen kann. Nur dieses so weit herangereifte Kind kann von Märchen mehr übernehmen als einzelne herausgezerrte Bilder.
Je sicherer sich das Kind in seine Welt eingebunden fühlen kann, um so eher kann es sich den Abenteuern der freien Phantasie ausliefern und daran wachsen. Der erzählende Erwachsene liefert den Stoff, und das Kind belebt ihn. Um ihn aber mit Leben füllen zu können, braucht es seinesgleichen: Spielkameraden, die mit ihm in das Abenteuer einsteigen!

Vorbild allein genügt nicht

Im Wartezimmer unserer Abteilung spielte sich einmal folgendes ab:

Eine Mutter und ihr elf Monate alter Bub saßen, ihren Aufruf zur Untersuchung erwartend, friedlich vereint, die Mutter am Kindertisch, das Kind am Boden. Beide taten dasselbe: Die Mutter blätterte – hörbar – in einer Illustrierten, das Kind in einem der ausgelegten Bücher. Eine unserer Mitarbeiterinnen kam vorbei, sah die Szene und fragte die Mutter: »Versteht er, was er da liest?« Die Mutter antwortete: »Das ist ihm noch einerlei, Hauptsache es knistert und er hat etwas zum Zerreißen!«

Ein weiteres, nur wenig anders gelagertes Beispiel: Heinz, ein Sechsjähriger mit großem Interesse für Autos, hat seinem Vater gut zugeschaut. Eines Tages war es soweit: Er saß nur für einen Augenblick alleine im Auto, kletterte auf den Fahrersitz und löste die Handbremse… Oder: Michael, vier Jahre alt, macht sich eifrig mit einem Schraubenzieher an der Stehlampe zu schaffen, wie er es erst vor kurzem bei seinem Vater beobachtet hatte. Gottlob kam seine Mutter rechtzeitig hinzu, um Schlimmes zu verhüten, denn die Stehlampe war diesmal unter Strom. Und die dreijährige Annika kommt in bewußtlosem Zustand in die Klinik. Sie war von den Großeltern, bei denen sie zu Besuch war, gegen Abend gefunden worden. Schon bald war klar, daß sie von den Schlaftabletten des Großvaters genommen hatte…

Der Beispiele wären viele, doch sollen diese genügen, um aufzuzeigen, daß wenn zwei das gleiche tun, es noch lange nicht dasselbe ist. Allen Beispielen gemeinsam ist, daß das Kind genau das tat, was es beim Erwachsenen gesehen und abgeschaut hatte. Es konnte aber die Situation und die Folgen seines Tuns in keinem Fall einschätzen.

Alle hier angeführten Kinder waren – wenn auch in unterschiedlicher Reife – noch der magischen Stufe verhaftet und hatten damit eine Art »Bilderdenken«.
Die in der Illustrierten blätternde Mutter regt direkt zur Nachahmung an, aber in den drei anderen Beispielen ist es der Gegenstand – das Auto, die Stehlampe, die Pillenpackung –, der die Erinnerung an eine Handlungskette abruft. Das Kind ist inspiriert, weil es etwas weiß, das es durch Hinschauen gelernt hat. Vor seinem sechsten oder siebten Lebensjahr hat es in aller Regel noch nicht gelernt, eine Situation zu überschauen und kann daher die Folgen seines Tuns nur dann abschätzen, wenn es sie am eigenen Leib erfahren kann. Es ist sehr wichtig zu verstehen, daß sich das Kind auf der magischen Stufe an Erlebtes über das Bild des Gegenstands erinnert und über das Bild des Gegenstands zum Handeln angeregt wird. Es hat ein großartiges, aber eben ein bildgebundenes Gedächtnis.
Ein Beispiel: Julia kommt vom Kindergarten heim und berichtet, daß sie heute zusammen etwas gekocht hätten. Die Mutter will wissen, was, und Julia sagt nach kurzem Nachdenken: Würstchen und Reisbrei. Das kommt der Mutter komisch vor, doch Julia bleibt dabei, und so denkt die Mutter, es wird schon seine Richtigkeit haben. Abends gibt es zu Hause Pfannkuchen, und Julia sagt: »Das haben wir heute im Kindergarten gekocht.« Jetzt versteht die Mutter gar nichts mehr. »Was habt ihr heute denn noch alles im Kindergarten gekocht? Würstchen, Reisbrei, Pfannkuchen? Du willst mich wohl auf den Arm nehmen?« Aber Julia beharrt ganz entschieden darauf, daß es Pfannkuchen waren, und sie wird ärgerlich, weil sie den Unglauben der Mutter wahrnimmt.
Die Erklärung für die Widersprüchlichkeit in Julias Aussagen liegt darin, daß sie sich nur über das wirkliche Bild des Pfannkuchens wieder an das erinnern konnte, was es vormittags im Kindergarten wirklich gab, während Würstchen und Reisbrei für sie nur Bilder von Eßbarem waren. Das zu verstehen und

zu wissen ist deshalb so wichtig, weil die Erinnerung des Kindes durch alles in seiner Umgebung angeregt werden kann.
Der Erwachsene muß also den Überblick behalten können und alles im Bewußtsein haben, was für sein Kind gefährlich werden könnte. Auch das Einführen von klaren Regeln, Ge- und Verboten zur rechten Zeit ist notwendig. »Das darfst du, und das darfst du nicht« und zwar in dem Sinne: »Das darfst du schon, weil du schon so groß bist, und das darfst du noch nicht, weil du noch ein bißchen dazulernen mußt!«
Es gibt eben Dinge, die Kinder schon, und solche, die sie noch nicht tun dürfen, die dem Erwachsenen vorbehalten sind. Nicht weil man Autorität herauskehren will, sondern weil das Kind noch nicht reif dafür ist. Es ist auch ein Anreiz, groß und stark zu werden, an Weisheit und Verstand zuzunehmen und lernen zu wollen, denn man geht, wie Rilke es formuliert, »in Stufen in die wachsenden Ringe des Lebens hinein«. Kindliche Neugier wird so in Bahnen gelenkt und gehalten, aber auch Warten- und Erwartenkönnen werden geübt, und damit das Selbstbewußtsein im Sinne einer realen Selbsteinschätzung angebahnt.
Das Kind ist nicht minderwertiger, weil es manches noch nicht so kann wie der Erwachsene. Es ist nur noch nicht genügend vorbereitet, genügend geschult. Was der Erwachsene dem Kind zu verstehen gibt: Heute kannst du es noch nicht, übe weiter, ich helfe dir, und morgen wirst du es können, dann darfst du es selber tun.«
Es ist *kein* gutes Erziehungsprinzip, wenn man das Kind auf der magischen Stufe grenzenlos experimentieren und Erfahrungen sammeln läßt. Das Kind auf der magischen Stufe ist wegen seiner noch nicht ausgebildeten Kritikfähigkeit, seiner Unfähigkeit, Wichtiges von Unwichtigem, Harmloses von Gefährlichem zu trennen, darauf angewiesen, den Weg gewiesen zu bekommen. Nur im abgegrenzten, von Vater und Mutter auf seine Sicherheit überprüften Raum, darf es eigene Erfahrungen sammeln, um aus der durch das Vorbild vorgelebten Form herauszuwachsen und in die eigene Form hineinfinden zu kön-

nen. Selbstverständlich muß das Kind zu seiner eigenen Form finden, aber mit geduldiger Hilfe durch seine Eltern und seine Erzieher – in jedem Fall aber mit Hilfe!

Die Hilfe besteht auf der magischen Stufe nicht nur im Vorbild, sondern auch darin, daß ich das Kind immer wieder lobe, was es schon kann und wie es sich verhalten hat. Das ist sehr viel sinnvoller, als das Kind zu tadeln, wenn es etwas falsch gemacht hat. Denn durch die konsequente Bestätigung wird sein Selbstbewußtsein gestärkt.

Deshalb braucht das Kind der magischen Stufe den abgegrenzten, überschaubaren Raum, daß es sich so verhalten kann, wie man es ihm vorgelebt hat, aber daß es zugleich auch experimentierend eigene Erfahrungen sammeln kann, ohne sich zu gefährden. Es muß Bestätigung finden, daß es sich richtig verhält und richtig verhalten kann, nicht Bestätigung dafür, daß es nur Unsinn und Fehler macht. Wenn sich das Kind auf die Anregungen und Reaktionen seiner Eltern zuverlässig verlassen kann, erwächst ihm daraus Sicherheit.

Halten wir fest: Vorbild allein genügt nicht für ein Kind, um die Vielfalt seiner Möglichkeiten entfalten zu können. Es muß sich in einem von Vater und Mutter abgesteckten, das heißt beschützten Rahmen selbständig bewegen und darin bewähren lernen. Es muß zu vielem angeleitet und von anderem abgehalten werden – so lange, bis es seine eigenen Möglichkeiten allmählich abschätzen kann. Und das ist ihm erst nach der magischen Stufe, eigentlich erst nach der Pubertät möglich.

Vorbild allein genügt auch deshalb nicht, weil in der durch das Vorbild vorgebildeten Form eine autonome, zu eigenem Auftrag berufene Persönlichkeit heranwachsen will und muß. Die vorgebildete Form ist nur der Schonraum, in dem das Küken heranwächst. Ohne Schale kann es nicht werden und ohne das wärmende Nest, die wärmende Glucke, auch nicht. Aber wenn es an der Zeit ist, bricht es die Schale auf und verläßt sie, und wenn es noch reifer geworden ist, verläßt es auch das Nest und braucht die Glucke nicht mehr.

Es ist also in der erziehenden Begleitung eines Kindes wichtig, daß es von klein auf nachahmungswürdige Vorbilder vorfindet. Es ist aber ganz genauso wichtig, daß es in einem wohl abgegrenzten Schonraum seine eigene Kraft und Persönlichkeit entdecken kann und befähigt wird, die Einmaligkeit seiner Persönlichkeit zu entwickeln, obwohl es bestimmte Regeln einhalten muß.

Auf Regeln stoßen wir in unserem ganzen Leben. Ohne Regeln ist Zusammenleben nicht denkbar. Eine Regel ist zum Beispiel, daß man in der Nacht leise ist, damit andere schlafen können. Eine andere ist: Wenn du sprichst, dann höre ich zu und unterbreche dich nicht, damit du dich verstanden fühlst! Auch das ist eine Regel: Wenn du mich rufst, dann bin ich da. Und wenn ich dich rufe, dann erwarte ich dasselbe von dir! Das gibt uns das Gefühl der Beachtung und räumt uns die Chance ein, lebendig miteinander verbunden zu sein.

Der Umgang mit Werkzeugen wie Hammer, Säge oder Messer erfordert ebenso das Einhalten von Regeln wie der Umgang mit Feuer oder die Teilnahme am Straßenverkehr. Aber auch das Erlernen der Kulturtechniken und kreatives Tun sind ohne Regeln nicht denkbar. Ohne Einhaltung von Tonreihen gibt es kein gemeinsames Lied. Ohne Einhalten bestimmter Fingersatzregeln wird das Spielen des Instrumentes zur Qual, ohne Einhalten von Regeln kann ich nicht schreiben, lesen, rechnen lernen, nicht im Straßenverkehr überleben. Alles in der Welt ist an das Einhalten von Regeln gebunden. Sogar die Planeten und die Sterne halten sich an solche Ordnungen.

Wir meinen deshalb, daß es gut ist, solche Regeln und Ordnungen in der Familie einzuführen, denen Eltern und Kinder gleichermaßen verpflichtet sind. Es kommt nicht so sehr darauf an, welche Regeln Sie vereinbaren. Die Hauptsache ist, es gibt Regeln – allerdings sollten sie sinnvoll sein und das Kind nicht mit der Außenwelt in Konflikt bringen:

– Wenn ein Kind schon beim Spielen lernt, es ist sinnvoll, sitzenzubleiben und ein Spiel zu Ende zu spielen.

– Wenn es lernt, sich angesprochen zu fühlen, wenn man mit ihm spricht, wird es sich leichter tun, einmal ein aufmerksamer Spielkamerad, Schüler, aber auch Ehepartner und schließlich eine aufmerksame Mutter bzw. ein aufmerksamer Vater für die eigenen Kinder zu werden.
– Wenn es lernt, nicht gleich aufzugeben, wenn nicht alles nach seiner Erwartung läuft, wird ihm möglich sein, später mit Enttäuschungen umzugehen.
– Wenn es lernt, daß eine begonnene Sache zu Ende gebracht werden muß, wird es einmal ein durchhaltefähiger Arbeiter werden, der seine Ideen verwirklichen und in die Welt einbringen kann.

Soll man Kinder tragen?

»Ich möchte mein Kind gerne noch tragen und ich tue es immer noch, obwohl mein Rücken schon dagegen streikt. Abends würde ich mich am liebsten massieren lassen, aber eben da fordert mich mein Kind am meisten. Meine Bandscheiben sind kaputt. Was bin ich für eine Mutter, daß ich es nicht schaffe? Ich habe einfach nicht die Kraft dazu. Was ist mit meinen Instinkten los?« So klagte eine zierliche Mutter, eine Musikstudentin, als sie, in unser Sprechzimmer kommend, den Knoten am Tragtuch lockerte. Wir erleben viele solcher Mütter. Sie möchten alles bestens machen. Ja keine Fehler! »Wie ist es am richtigsten? Soll ich das Kind auf dem Rücken tragen oder besser auf der Hüfte, oder ist vielleicht der Känguruh-Sack günstiger, weil so der Blickkontakt besser zustandekommt? Aber riskieren wir dadurch nicht einen Haltungsschaden?« Solange das Kind noch winzig ist, ist es kein Problem. Und wir sehen soviel Zärtlichkeit im Gesicht der Eltern, die das Kind an ihrer Brust als das kostbarste Stück pflegen. Aber mit der Zeit wiegt das Kind zehn Kilogramm und mehr – will sich selber fortbewegen und ist dann wirklich schwer zu tragen und zu ertragen. Die ursprüngliche Hingabe verwandelt sich in Ärger und in einen Machtkampf, den meist das Kind gewinnt, weil man ihm ja keinen Willen aufzwingen möchte. Und schon hat man wieder Schuldgefühle.

Das gleiche Bild beobachten wir auch bei unserer Musikstudentin. Während sie das Kind vom Auto über den Krankenhaushof in unser Sprechzimmer transportierte, ließ sich das Zweijährige gerne von ihr tragen. Sobald sie sich hinsetzen und das Kind auf dem Schoß halten möchte, wendet sich das Blatt: Das Kind besteht auf seiner Freiheit, geht von ihrem Schoß weg, und wenn es zurückkommt, verlangt es die sofortige Befriedigung seiner Wünsche. Die Mutter muß ihm Fläschchen geben, es zur Fensterbank hochheben, hinunterstellen, ein Stofftier aufziehen, nochmals Fläschchen geben. Wenn sie nicht gleich folgt, wird sie vom Kind gezerrt und geschlagen. Sie weiß nicht, was sie machen soll. Das Kind läßt sich von ihr einfach nicht steuern, lediglich beim Transportieren. Der Mutter fällt noch gar nicht auf, daß sie sich zum Transportmittel degradiert: zum Esel, zum Dromedar, zum Traktor oder was immer dem Kind einfällt. Aber sie quälen ihre Unschlüssigkeit und ihre Ängste, wie es weitergehen soll. Durch unsere Fragen nach dem Gleichgewicht zwischen Anpassung und Durchsetzung angeregt, gibt die einfühlsame Mutter zu, daß sie mit dem Kind in eine Einseitigkeit geraten ist: sie paßt sich an, und das Kind setzt sich durch. Eine Umkehrung läßt das Kind nicht zu. Sie muß stets geben, und das Kind nimmt. Und sie fühlt sich ausgenommen. Kein kleiner Tyrann, sondern ein großer Tyrann dieser kleinen Familie. Eine Trotzphase sei es nicht, denn in dieser Wut stecke das Kind mindestens schon ein Jahr lang, sie aber auch. Und vor dieser wachsenden Haß-Liebe habe sie die allergrößte Angst. Wann fing es an? Ja, genau in der Zeit, in der das Kind in der Lage war zu bestimmen, ob es getragen werden will oder nicht.

Die Mutter selber wurde nie richtig getragen. Sie wurde in eine Zeit der Entfremdung hineingeboren. In der hochentwikkelten technischen Gesellschaft gab man in der ersten Hälfte des 20. Jahrhunderts den Ratschlag, Sterilität und das Einhalten von Prinzipien seien wichtiger als körpernah erlebte Geborgenheit. Die Empfehlung, die unsere Mütter und Großmütter bekommen haben, hieß: ein weinendes Baby ja nicht auf den Arm nehmen, weil es sonst verwöhnt werden könnte. Vielmehr soll man es ohne Trost schreien lassen, damit es seine Stimmbänder und seine Lunge für die spätere Übernahme der Sprache kräftige. Das gemeinsame Wochenbett mit der Mutter wurde gegen den Inkubator ausgetauscht, die Mutterbrust durch die Flasche ersetzt und das Tragetuch durch den Kinderwagen. Diese Entfremdung von dem Natürlichen zog viele Abhängigkeiten von Ersatzbefriedigungen, die die Berührungsängste ausgleichen sollten, nach sich. Die in un-

serer Zeit zunehmend beobachtbare Liebesunfähigkeit und Bindungslosigkeit sind zweifellos darauf zurückzuführen.
In den 70er und 80er Jahren begann die Suche nach dem verlorenen Glück (siehe das gleichnamige Buch von Jean Liedloff). Man erkannte, daß das Baby ein noch sehr unreifes Wesen ist (eine »physiologische Frühgeburt«). Die Geborgenheit des Nestes, die es im Bauch der Mutter erfahren hat, braucht es auch in den ersten Lebensjahren noch. Dieses Urvertrauen lasse sich durch das Tragen am Körper der Mutter fortsetzen. Erst nachdem das Kind seine Grundbedürfnisse nach Bindung gesättigt hat, kann es sich die Entfaltung seines Willens und die Loslösung zutrauen. Vorgelebt bekamen wir dies von den Menschen aus weniger entwickelten Kulturkreisen, denen aus einer Notlage heraus keine andere Wahl blieb, als das Kind im Tragetuch zu transportieren, um es so auch vor den Gefahren, die ihm am Boden auflauerten und die es noch nicht erkennen oder einordnen konnte, zu beschützen. Seit Beginn der Menschheitsgeschichte wurde so die Kleinkindbetreuung auf allen Erdteilen praktiziert, und sie war auch in Europa noch bis zum letzten Jahrhundert üblich. Bedenkt man, daß die alten Ägypter, die Griechen, Azteken und Kelten, willensstarke Völker, die hohe Kunst schufen, ihre ersten Lebensjahre im Tragetuch verbracht haben, zweifelt man nicht mehr an dessen Nutzen. Um die verschütteten Instinkte wieder zu entdecken, haben sich die heutigen Eltern vorgenommen, ihr Kind genau so zu tragen, wie es die Eltern in Peru oder im Sudan noch heute tun. Zugleich gaben sie sich der Illusion hin, damit auch das gleiche Lebensbild zurückrufen zu können.
Die Übertragung der instinktgebundenen Traditionen von primitiveren Lebensbedingungen auf unsere Wohlstandskultur ist jedoch nicht möglich. Wo liegen die Unterschiede?
– Die Kinder in ärmeren Ländern wachsen in einer Großfamilie auf. Sie werden nicht nur von der Mutter getragen, sondern von vielen anderen Tanten, Onkeln und Geschwistern. Somit wird die Bindungsbereitschaft auf andere Menschen übertragen, und

das Kind kann sich von seiner Mutter lösen, um den Platz für Nachkömmlinge frei zu machen.
Dagegen lebt das Kind in München oder New York in einer Kleinfamilie, die nur sehr eingeschränkt in Beziehung mit anderen Familien tritt. Es wird meist nur von seinen Eltern getragen, meist sogar nur von der Mutter. Die Mutter ist immer häufiger alleinstehend oder unterliegt der üblichen Rollenverteilung: der Vater geht dem Beruf nach, die Mutter genießt den gesetzmäßigen Mutterschutz und ist beim Kind. Weil in vielen Fällen das Kind ohne Geschwister aufwächst, entsteht eine besonders enge (zu enge) Bindung an die Mutter.
– Unter den primitiven Lebensbedingungen ist die Not der größte Lehrmeister, dem sich alle aus Überlebensgründen anzupassen haben. Im Tragetuch erleben die Kinder die Nestwärme um den Preis der Bewegungsunfreiheit und oft auch des Hungers. Viele Stunden pro Tag muß sich das Kind der Körperlage und den Bewegungen der arbeitenden Mutter oder dem Marschtempo der Karawane anpassen. Es darf die Körperlage nicht wechseln, wenn es ihm unangenehm ist. Nicht einmal frei schauen darf der kleine Lappländer, wenn er wegen der peitschenden, frostigen Winde in ein dickes Tragetuch gehüllt ist, geschweige denn aus ihm aussteigen, um mit Schlittenhunden zu spielen. Das Kind muß sich also weitgehend dem ihn Tragenden anpassen.
Wenn die heutige Mutter unter den luxuriösen Bedingungen der hochentwickelten Zivilisation ihr Kind trägt, hat sie keine Notwendigkeit, dem Kind die von ihm geforderte Freiheit nicht zu geben. Denn sie muß weder mit ihm auf dem Rücken arbeiten noch mit der Karawane durch die Wüste weiterziehen. Nur noch im Straßenverkehr wird ihr die Gefahr nachvollziehbar, das Kind über seine Bewegungsfreiheit nicht entscheiden zu lassen. In allen anderen geschützten Bereichen, in der Fußgängerzone, in Parkanlagen oder in der zentralgeheizten Wohnung paßt sich die Mutter dem Kind an und hält es im Tragetuch nur solange, wie *es* will.
– Die primitiv lebenden Eltern machen sich keine Gedanken,

ob es moralisch richtig oder unrichtig ist, die Wünsche des Kindes nach seiner Bewegungsfreiheit nicht zu erfüllen. Aus eigener Erfahrung wissen sie, daß es ihnen nicht schadete. Eingebettet in die Tradition fühlen sie sich frei und das Kind bei ihnen auch. Nicht so die modernen Eltern. Sie konfrontieren sich mit den verschiedensten pädagogischen, psychologischen und philosophischen Konzepten und fühlen sich alsbald schuldig, daß sie gegen das Ideal des freien Willens verstoßen. Ihre Verunsicherung steckt auch das Kind an.

– Am Körper der manuell arbeitenden Bezugspersonen erlebt das Kind viele Stunden pro Tag die sehr dynamischen Bewegungen mit. So wie die Oma Getreide schlägt, Wasser pumpt, am Fluß Wäsche wäscht und im flotten Tempo zum Jahrmarkt geht, so rhythmisch wird auch das Kind bewegt. Es erfährt eigentlich eine stete lebendige Wiege, die ihm Geborgenheit vermittelt und das Ordnungsprinzip spüren läßt sowie die Zusammenarbeit zwischen den Bewegungsanlagen und den Sinnen trainiert.

Die heutigen Eltern, die ihren Arbeitsrhythmus an Elektrogeräte delegieren können, vermitteln ihrem Kind weit weniger die Erfahrung des gemeinsamen Schwingens. Sie halten das Kind vielmehr statisch, was für das Kind unbefriedigend ist. Und wenn sie dann merken, daß das Kind ruhiger wird, sobald sie mit ihm schnell herumgehen, tragen sie das Kind aus reinem Selbstzweck. Dies tun sie allerdings nicht lange. Und wenn doch, dann um den Preis eines unguten Gefühls der Aufopferung und des Benutztwerdens.

– In den technisch unterentwickelten Ländern müssen die Kinder bis zum dritten oder vierten Lebensjahr die Hemmung ihres Bewegungsantriebs ertragen. Die Tatsache, daß die Träger die körperliche Belastbarkeit haben, die Last eines schon so großen, immerhin an die 15 Kilogramm wiegenden Kindes zu bewältigen, ist der schweren körperlichen Arbeit zuzuschreiben. Darin sind diese Menschen das ganze Leben lang ausreichend trainiert. Die Vorbereitung auf das mühselige

Leben der Arbeit beginnt schon im frühesten Kindesalter, wenn – wie bereits beschrieben – Kinder die Steuerung eigener Bewegungen und die Konfrontation mit Unannehmlichkeit am Körper der arbeitenden Träger durchstehen. Sind sie dem Tragetuch entwachsen, so folgen sie schon alsbald dem Vorbild der Großen und tragen die kleinen Geschwister selbst stundenlang herum. Und zwar nicht nur im Spiel, sondern durchaus auch bei der ernsthaften Arbeit. Wenn solche fünf- oder sechsjährigen Kinder das Gewicht ihrer einjährigen Geschwister bei stundenlangem Tragen bewältigen, kann man von ihnen im Erwachsenenalter auch erwarten, daß sie ausdauernde Träger von Vierjährigen sind.
Dieses körperliche Training haben die heutigen Eltern nicht. Dies führt dazu, daß sie das Kind nur etwa bis zum sechsten oder zwölften Lebensmonat tragen. Sobald sich das Kind gegen eine bestimmte Körperhaltung oder Dauer des Haltens aufbäumt, werden die Kräfte der Eltern auf eine harte Probe gestellt. Nicht wenige Eltern geben ehrlich zu: »Das Kind war mit einem Jahr stärker als ich.«
Wie bei unserer Musikstudentin mündet bei vielen anderen Eltern ihre gute Absicht, das Kind nach alter Sitte wieder zu tragen, in ein Unheil ein. Empfindet sich das Kleinkind stärker als die Eltern, verliert es die Chance, bei ihnen die Geborgenheit und das Vorbild zu finden. Um sich sicher zu fühlen, bleibt ihm nichts anderes übrig, als die schwächeren, manipulierbar erlebten Eltern selber zu beherrschen. Das stete Überwachen des eigenen magischen Imperiums erzeugt einen dauernden Streß beim Kind und bei den Eltern ein erstickendes Gefühl der eigenen Hilflosigkeit.
Man kann nicht so einfach Lebensformen von einem Kulturkreis auf den anderen übertragen. Je weniger sich bei uns die materielle Not auf die Kinderbetreuung auswirkt und je weniger wir in die Natur und damit in die schöpfungsbedingte Ordnung unserer Instinkte eingebunden sind, um so mehr müßten wir unser kritisches Denken bemühen. Kritisch ist zu prüfen und zu

sieben, was an den traditionellen Lebensformen für uns gesund und was schädlich ist oder doch schädlich sein könnte.

Unsere Empfehlungen lauten deshalb:
In den ersten Lebensmonaten sollte das Kind sehr viel getragen werden. Die Einheit mit der Mutter nämlich, die das Kind in ihrem Leib spürte, ist mit der Geburt noch keinesfalls abgeschlossen. Die Geburt ist lediglich ein Übergang, und zahlreiche Geburtsvorgänge stehen dem Kind noch bevor, bis es zu seinem Selbst findet.
Nach dem ersten Halbjahr darf das *Tragen auf ein Minimum eingeschränkt* werden. Dies bedeutet, daß das Tragetuch ab und zu anstelle des Kinderwagens zum Transportieren benutzt werden kann. (Bei der Gelegenheit möchten wir darauf hinweisen, daß die dem Körperbau und Körperwachstum freundlichste Lage die an der Hüfte ist.)
Der Körperkontakt zwischen Mutter und Kind (Vater und Kind) sollte häufig gepflegt werden. Die vielfältige hautnahe Verbindung ist nämlich eine unabdingbare Erfahrung. (Ähnlich einem Baum, der in der Vielfalt der feinnervigen, dichten Verbindungen seiner Wurzeln mit der Erde einen sicheren Halt findet, Lebensenergie aus der Erde aufnimmt und sie durch den mächtigen Stamm zur Krone und in die Früchte lenkt, muß auch das kleine Kind zunächst in einer dichten Einheit mit der Mutter – mit dem Vater – Halt und Lebensenergie finden, um sich dann selbständig machen zu können.) *Dies muß aber nicht unbedingt unter mühsamem Tragen geschehen.* Im Sitzen, Liegen oder Stehen ist diese Schlüsselerfahrung genauso wirksam, wirksamer vielleicht noch, weil man sich auf die Äußerungen des Kindes von Antlitz zu Antlitz besser anpassen und diese gezielter beantworten kann.
Die Wahrnehmung dieser *Bindung* ist für alle beide, für das Kind wie auch für die Mutter oder den Vater äußerst wichtig. Denn die Bindung entsteht nicht durch körperliche Distanz und auch nicht durch einen statischen Kontakt, sondern durch *rhyth-*

mische mitschwingende Bewegungen. Sie erinnern an das beständige, das Urvertrauen stiftende Wiegen im Mutterleib. Unter dem gleichbleibenden Rhythmus kann sich das Kind auf die nächste wiederkehrende Wahrnehmung verlassen und fühlt sich geborgen. Durch die Anregung der Gleichgewichtsorgane werden auch die Verbindungen mit anderen Sinnen geschult. Es ist also wohltuend, wenn das Kind nach gewohnten Rhythmen gewiegt, gestreichelt, beklopft, gerieben, eingeölt und massiert wird. Mit zunehmender Vorstellungskraft gedeiht es unter Bewegungsspielchen, die durch das häufige Wiederholen von ihm vorausgedacht werden können und die es selber mitprägt (»Hoppe hoppe Reiter...«, »Das ist der Daumen...«).
Ohne körperliche Bewegungen ist dem Kleinkind die Liebe nicht vermittelbar. Erst viel später wird es Liebeserklärungen auch ohne Körperlichkeit wahrnehmen können. Zunächst aber muß die Liebe einverleibt werden: Die Liebe geht zunächst durch die Haut! Darunter ist sehr konkret das Verständnis für alle Gefühlsäußerungen, der Austausch von Gefühlen in einem gegenseitigen Fluß des Gebens und des Nehmens gemeint: das Gefühl des Verstanden- und bedingungslos Angenommenwerdens, der Trost bei Trauer, die Aufmunterung bei Angst, das Sich-aufbäumen-Dürfen bei Wut, die Versöhnung nach einer Spannung. Allerdings sind einige von diesen Erfahrungen nicht nur unter dem hautnahen Kontakt vermittelbar, man gewinnt sie auch unter der körperlichen Distanz, indem man sich hört und sieht, sich wahrnimmt. So sind gleich nach der Entbindung und später bei allen Gelegenheiten der kindlichen Pflege, wie Füttern und Baden, die Lebensäußerungen des Babys spiegelbildlich nachzuahmen. Indem die Mama genauso wie das Baby schmatzt, hustet, gähnt und lallt, signalisiert sie ihm die gefühlsmäßige Verschmelzung: »Ich verstehe dich, ich spreche ja deine Sprache!«
Je *tiefgreifender jedoch die Gefühlswallung*, je dramatischer seine innere Krise, die durch Ängste, Schmerzen, Enttäuschung und Wut heraufbeschworen wird, *um so nötiger hat das Kind,*

seine Krise Haut an Haut und *Herz zu Herz* durchzustehen und unter der zuverlässigen Verbindung sein inneres Gleichgewicht zu erlangen. Gefühlsbewegungen gehen stets mit Körperbewegungen einher.

Was haben wir der jungen Mutter angeraten? Sie soll nicht ihre eigenen Bedürfnisse nach Freiheit auf das Kleinkind übertragen. *Denn sein Bedürfnis nach Geborgenheit ist zunächst noch mächtiger als das nach Freiheit.* Sie kann es nur dadurch sättigen, indem sie sich dem Kind zuverlässig widmet. Je haltloser und chaotischer es ist, um so mehr soll sie ihm Halt geben. Vor allem durch Regeln. Das Angebot heißt: »Mein Liebes, ich kann jetzt nicht hinter dir her rennen. Jetzt habe ich hier eine wichtige Aufgabe. Fläschchen bekommst du nicht, weil du soeben getrunken hast und keinen Durst mehr hast. Aber du darfst spielen. Guck, hier sind Bausteine, und wenn du willst, werde ich dir, wann immer du willst, das Stofftier aufziehen.« Das Kind ging nicht darauf ein und bestand mit allen Kräften darauf, daß die Mutter es nochmals auf die Fensterbank stellt. Wir rieten der Mutter, das Kind auf den Schoß zu nehmen und ihm nochmals klar zu sagen, daß die Fensterbank ein »Nein« ist. Und als sich dann das Kind noch wütender gegen die Mama aufbäumte, haben wir sie ermutigt, das Kind einfach in ihrem Arme zu behalten und es warm und weich, aber eindeutig und fest spüren zu lassen, daß nun die Grenze erreicht ist, über die das Kind nicht gehen kann. Es darf aber alle Wut bei der Mama abladen. Und es bleibt so lange bei ihr, bis es wieder fröhlich sein kann. Das Kind brauchte nicht lange, um ins Lot zu kommen. Es hat zunächst heftig geschrien »Mama, weg! Loslassen! Fenster! Flasche!«, alsbald aber atmete es erleichtert auf, schmuste mit großer Wonne mit seiner Mama und ging dann gerne in die Spielecke.

Und der Mama haben wir geraten, das Kind nicht mehr zu tragen. Ein Sportwagen wäre jetzt angemessener.

Kinder brauchen Krisen

Beim Betrachten der Lebensläufe der bei uns vorgestellten Kinder zeigt sich immer wieder, daß sich die sogenannten »pflegeleichten Kinder«, die Kinder also, die in den ersten Jahren keine Probleme hatten (nie krank waren, keinen Verlust erleiden mußten) und ihren Eltern auch keine Schwierigkeiten bereiteten (kein ausgesprochener Trotz, keine Unfolgsamkeit), später außerordentlich schwertun, mit problematischen Situationen umzugehen – im Gegensatz zu den sogenannten schwierigen Kindern, den Schreiern, den gegen die Fügungen des Schicksals (ein notwendiger Krankenhausaufenthalt, die Geburt eines Geschwisterchens) lauthals protestierenden beziehungsweise ihren Trotz auslebenden Kindern. Sofern sich ihre Eltern in ihren Protest einfühlen, die dahinter steckende Not erspüren, die aufwallenden Gefühle zulassen und ihnen durch ihre Nähe Trost gewähren konnten, erweisen sich diese »Frührebellen« später als belastbare Kinder mit Selbstvertrauen. Sie scheuen vor Konflikten nicht zurück.
Gehen wir davon aus, daß durch die Auseinandersetzung mit Kontrasten Lebendigkeit entsteht, so liegt die Erklärung auf der Hand: Auch das Kind braucht zu seiner Reifung die Krise, und zwar vom frühesten Kindesalter an!
Aber anders als unter dem Schutz des Nestes sind solche Erfahrungen dem hilflosen Kind nicht zumutbar. Nur unter der einfühlenden aktiven Anteilnahme seiner Eltern kann sich das Kind dem *Gesetz der Gegensätze* stellen. Nach diesem Gesetz darf der zerstörerische Pol nicht mächtiger werden als der bejahende, vielmehr muß die Liebe stets mächtiger sein als der Haß. Der Mut muß die Angst besiegen, das Sattsein muß den Hunger auflösen... Die Krise darf nicht in ihrem kritischen Tiefpunkt stehenbleiben, sondern muß die Überlebenskräfte wecken, muß den Freund in der Not erkennen und somit eine

Lösung und Hoffnung entstehen lassen. Für die Überbrückung dieser Spanne, für das wohltuende Ordnen der Gefühle und Affekte, können nur die Eltern zuständig sein.

Eine erste Krise durchlebt das Kind bereits mit seiner Geburt. Es wird förmlich in die Gegensätze hineingeboren, indem es den vertrauten Leib der Mutter verlassen und sich den Kontrasten hell/dunkel, warm/kalt, flüssig/trocken usw. stellen muß. Die neuen Erfahrungen sind schockierend und kommen in ihrer Erschütterung, die sie bewirken, im magischen Paradies des Neugeborenen einem Erdbeben gleich, in dem es zu ersticken droht. Um so bewußter nimmt das Kind die wieder entdeckte Geborgenheit wahr, wenn es nach der Entbindung auf den Bauch der Mutter gelegt wird. Sobald es wieder die vertrauten mitschwingenden Wiegebewegungen der atmenden und streichelnden Mutter spürt und auch ihren vertrauten Herzschlag wieder hört, fühlt es sich geborgen und wieder zu Hause.

Je kleiner das Kind ist, um so weniger kann es seine Krisen im Alleingang ertragen. Etwa bis zum siebten Monat kann es die Zeitspanne des Wartens auf einen Trost noch gar nicht einordnen, weil es noch keinerlei Zeitempfinden hat. Für dieses Kind wird eine Minute des qualvollen Wartens zur Ewigkeit, in der es sich verlassen fühlt. Deswegen sollte man auf ein Kind dieses Alters sofort reagieren, wenn es weint. Ist es nicht die Milch, die das Kind braucht, und sind es nicht körperliche Schmerzen, zum Beispiel durch eine gestörte Verdauung, dann hat es irgendeinen seelischen Kummer. Es ist schwer zu erraten, was die Ursache ist, und das ist in gewisser Weise gut so! Denn die mit-leidende Mutter würde sich sonst sofort bemühen, das Problem abzustellen, und damit das Austragen der Krise verhindern. Wüßte sie, daß das Kind weint, weil es ihm am Nacken juckt, so würde sie es sofort dort vorsichtig kratzen. Wüßte sie, daß es weint, weil es Angst vor einer bestimmten Stimme (eines fremden Menschen) hat, so würde sie es sofort von dieser Erfahrung abschirmen. Es geht aber nicht darum, dem Kind die Anlässe für sein Weinen fernzuhalten, sondern es geht darum, es mit diesen Anlässen (allerdings vorausgesetzt, daß sie ihm nicht gefährlich werden) aus dem Schonraum der Mutter heraus zu konfrontieren und dem Kind dazu zu verhelfen, diese zu ertragen. Es soll die Erfahrung machen, daß man das Unangenehme, die Krise, wohlbehalten überstehen kann. Der sicherste Zustand, unter dem das Kind seine Krise durchsteht, ist eine dichte Umarmung, möglichst in embryonaler Lage – Bauch zu Bauch, Kopf zu Kopf. Das Kind wird gestreichelt, gewiegt, gerieben, beklopft und geküßt. Sein Jammern wird von der Mutter mitfühlend nachgeahmt. Es wird mit liebkosenden Worten getröstet. Dieses Halten dauert so lange, bis das Kind zufrieden ist und entweder lachen kann oder sich in den Schlaf fallen läßt. Grundsätzlich sollte man nicht versuchen, das Kind abzulenken, denn aus solchen Ablenkungen erwächst zu leicht die Gefahr einer Gewöhnung an Ersatzbefriedigungen, die sich bis zur Sucht steigern können. Gewöhnt man beispielsweise das Kind daran, daß es jedes Mal, wenn es weint, einen Schnuller bekommt, bahnt man den Reflex an, daß es später als Schüler an Stiften herumkauen muß und als Erwachsener eine Zigarette braucht, um sich zu beruhigen. Auch die Mutterbrust und das Fläschchen zur Beruhigung können den Weg für Ersatzbefriedigung anbahnen. Kinder, die zur Beschwichtigung ihres Weinens ein Getränk bekamen, neigen als Erwachsene dazu, zur Flasche zu greifen, sobald sie sich schlecht fühlen. Eine Ablenkung durch Spielzeug kann später zu einer Bevorzugung der leblosen Dinge vor den Menschen führen. Jedenfalls entgeht dem so beruhigten Kind die Chance, Gefühle auszuleben und zu ordnen und seine Konflikte mit dem Mitmenschen auszutragen.

Etwa ab dem siebten Lebensmonat kann man dem Kind aufgrund seiner beginnenden Vorstellungskraft und seines einsetzenden zielgerichteten Handelns (es zieht die Mama am Rock, um von ihr auf den Arm genommen zu werden, und ähnliches) schon kleine Enttäuschungen bewußt zumuten. Es kann jetzt schon etwas länger warten, bis die Mutter auf sein Weinen reagiert und von der Küche zu ihm ins Kinderzimmer kommt. In der Nacht könnte es schon ohne Getränk durchhalten, und man kann von ihm auch bereits erwarten, daß es auf dem Schoß sitzenbleibt, obwohl es am liebsten wegkrabbeln würde. Sein Verlangen, das Hoppe-hoppe-Reiter-Spiel fortzusetzen, muß nicht immer erfüllt werden. Diese Entsagungen bedeuten für das Kind mit seinen Verarbeitungsmöglichkeiten ungefähr das gleiche wie für den Erwachsenen, dem beispielsweise der ganze Urlaub verregnet. Solche Krisen soll das Kleinkind jedoch noch nicht allein durchstehen, geschweige denn größere. Es hat noch keine Handlungsmöglichkeiten, um sich zu helfen. Würde man nicht auf es reagieren, müßte es sich ohnmächtig, unverstanden, ungeliebt fühlen. Es müßte die Anteilnahme, ja die Mutter selbst vermissen. Nur im Arme der Mutter kann es seine Enttäuschung und gegebenenfalls seine Wut ausdrücken. Es soll sich dabei verstanden fühlen, jedoch soll es auch verstehen lernen, daß manches nicht leicht erreichbar ist und daß es sogar Verbote gibt, die nicht überschritten werden dürfen.

Halten wir fest: Zwar wird von manchen Ratgebern empfohlen, dem Kind keinen Verzicht zuzumuten. Wir halten das in dieser Form jedoch für falsch, nachdem wir sehen, wie vielen Kindern die Chance entging, rechtzeitig zu lernen, Enttäuschungen zu ertragen oder mit Enttäuschungen umzugehen, ohne fürchten zu müssen, die Welt gehe dadurch unter oder man gehe der Liebe verlustig.

Erst dem Kind, das über ein Ichbewußtsein verfügt, also dem Kind, das älter als zweieinhalb Jahre ist, kann man immer wieder zumuten, mit der Enttäuschung alleine fertig zu werden. Es muß nicht mehr unbedingt in den Arm genommen werden, um seine Enttäuschung und seine Ängste durchzustehen. Eine Rückkoppelung braucht aber auch dieses Kind auf alle Fälle.

Es möchte gerne hören, daß es tapfer war, als es wegen seiner Halsschmerzen ohne Jammern auf Eis verzichtete. Es möchte

gerne hören und freut sich über die Anerkennung, wenn es auf seine Mittelpunktsrolle verzichten konnte.
Die meisten Ängste haben den Ursprung in der magischen Stufe. Weil da der Verstand noch keine kritischen Überlegungen anstellt, um die Angst als unbegründet zu erklären, und nur die ichbezogene Phantasie Maßstäbe setzt, bekommt so mancher geringfügige Anlaß zur Angst ein übermäßiges Gewicht. Die Spinne, die plötzlich über das Händchen lief, wird zu einer heimtückischen, überall anwesenden Hexe auf dem Besen, der niederzuckende Blitz löst die Befürchtung aus, das Elternhaus und das ganze Dorf könnte verbrennen. Das geängstigte Kind könnte auch befürchten, seine Hand bliebe für die Ewigkeit in der robusten Hand des Arztes hängen, und deshalb traut es sich nicht, die Hand zur Begrüßung zu geben. Bleiben die Ängste unbehandelt, können sie das ganze Leben lang ihren Spuk treiben. Man kann sie aber nicht dadurch behandeln, daß man die Angst verleugnet, indem ich zu mir sage: »Es gibt in diesem Keller keine Spinnen.« Eine um so größere Panik überfällt mich nämlich dann, wenn entgegen meiner mir eingeredeten Erwartung doch eine Spinne dort ist. Und wenn ich dann meine Angst verleugne und zu mir sage: »Da gibt es zwar Spinnen, aber ich habe keine Angst vor ihnen«, überflutet mich vielleicht eine noch lähmendere Angst, wenn mein eingebildeter Mut versagt. Dann muß ich noch Angst vor meiner eigenen Ängstlichkeit haben! Dann werde ich keine Burg betreten und niemals ein Fenster aufmachen, und ich kann auch den Sommer aus lauter Angst vor Gewittern nicht genießen! Auch die Angst des Kindes vor dem Händedruck wird größer, wenn die anwesenden Eltern tolerieren, daß das Kind seiner Angst unterliegt. Durch ihre tolerante Haltung bestätigen sie die Richtigkeit der Angst, so als würden sie sagen: »Hast recht, Kind, wenn du deine Hände auf dem Rücken versteckst und dich vor diesem Mann schützt. Ein gefährlicher Mann, dieser Doktor.«
Die Angst müßte sich dann auf alle Berührungen ausbreiten, die durch diesen Doktor kommen, und auf viele andere Men-

schen, die dem Kind die Hand drücken möchten. Ein unfreies Leben!
Unsere Empfehlung heißt deshalb: Wenn Ihr Kind unter einer Angst leidet, die es selber nicht überwinden kann, muntern Sie es auf, sich der Angst zu stellen, statt zu fliehen. Häufig lassen sich Eltern durch die zwiespältigen Strebungen irritieren, in die das Kind hineingeraten ist: Es möchte so gerne den Hund der Nachbarin streicheln, aber es hat Angst davor. Solange die Angst größer ist, überwiegt die Neigung zur Flucht und man weicht auf eine andere Tätigkeit aus, zum Beispiel zu schaukeln. Die Angst vor dem Hund wie auch der unerfüllte Wunsch nach dem Spiel mit ihm bleiben aber bestehen. Dazu kommt, daß das Kind über sein Versagen entweder wütend oder resignierend enttäuscht ist. Es liegt nun in der Verantwortung der Eltern, die Not ihres Kindes zu erkennen. Demzufolge würden sie dann die Entscheidung für die Schaukel nicht als eine freie Wahl überbewerten, sondern darin den Ausdruck der nicht erlösten Angst spüren können.
Kehren wir aber für einen Moment nochmals zu dem Beispiel der Angst vor der Berührung des Arztes zurück. Auf das Kind einzureden, hat wenig Sinn. Um dem Kind die Angst zu nehmen, sollten Sie die Augen Ihres Kindes auf Ihr positives Vorbild lenken. Zeigen Sie Ihrem Kind, wie Sie mit Ihrer Angst umgehen. (Die allergrößte Angst vor dem Zahnarzt haben übrigens diejenigen Kinder, deren Eltern kurz vor dem Behandlungsstuhl umdrehen.) Das soll nicht heißen, daß Sie Ihre Ängste vor dem Kind verbergen müssen – nein –, bleiben Sie wahrhaftig! Lassen Sie vielmehr das Kind erkennen, daß Sie zwar Angst haben, aber daß Sie sich zutrauen, sich der Angst zu stellen. Führen Sie Ihrem Kind vor, wie Sie dem Arzt die Hand reichen, und zeigen Sie ihm, daß Sie dabei Freude an der Begegnung empfinden. Wenn das Kind immer noch keinen Mut hat, Ihrem Beispiel zu folgen, umarmen Sie es von hinten und führen Sie ihm aufmunternd seine Hand. Indem es sich auf Ihren äußeren Halt stützen kann, spürt es seinen inneren Halt. Unter

Ihrer vertrauten, weichen, aber zügigen Handführung überträgt sich Ihre Sicherheit auf Ihr Kind. Es schafft ihm Selbstvertrauen. Es kann sich freuen, daß es seine Angst überwunden hat. Vielleicht ist die Angst noch nicht ganz verschwunden, aber immerhin ist der Mut schon größer als die Angst. Das Kind macht die wichtige Erfahrung, daß es seine Ängste ertragen und sich neue Erfahrungen zutrauen kann.

Gehen Sie auf diese Weise mit allen Ängsten Ihres Kindes um. Achten Sie jedesmal darauf, daß die Auseinandersetzung mit der angstbesetzten Situation von vielen positiven Erfahrungen begleitet wird: mit Ihrer Umarmung und Ihrer Aufmunterung, mit neuen interessanten Wahrnehmungen und Auswirkungen. Bestätigen Sie das Kind, und freuen Sie sich über seinen Mut. Vor allem auch nachher, wenn Sie ihm seine tapfere Haltung durch spätere Nacherzählungen bewußtmachen. Diese Kunst beherrscht das Kind nämlich noch nicht. So können Sie beispielsweise beim Besuch der Großeltern in Gegenwart des Kindes berichten, daß »der Moritz zunächst Angst vor dem Hund hatte, aber nicht wegging, sondern ganz toll mit ihm spielte«.

Wenn Ihr Kind das Gewitter in Ihrem Arme erlebt, kann es sich über das großartige himmlische Feuerwerk freuen. Hat es von Ihrem Schoß die Spinne bei ihrer bewundernswerten Arbeit am Netz beobachten oder unter dem Schutz Ihres Armes einen gutmütigen Hund streicheln können, werden sich die unheimlichen Ängste in ihm auflösen. Es wird Lust an der Erkundung der Natur, am Ausweiten der Neugierde sowie Achtung vor Ihnen entfalten können. Bei allen diesen Gelegenheiten erkennt das Kind Ihr Einfühlungsvermögen und überzeugt sich von Ihrer Überlegenheit. Einem solchen Vorbild eifert das Kind gerne nach.

Die Umarmung als Hilfe zum Durchstehen einer Angstsituation bedeutet: Das Kind darf seine Kraft in der Sicherheit des Nestes schöpfen. Dieses Vorgehen ist besonders für kleine Kinder geeignet, die noch auf natürliche Art dem Nest verbunden sind. Aber auch das ältere Kind und der Erwachsene müssen zu

diesem Zustand des Gehaltenwerdens zurück, wenn sie in schwere Krisen geraten.
Der vierjährige Claudius möchte so gerne in den Kindergarten, aber er hat noch Angst, sich von seiner Mutter zu trennen. In diesem Fall kann er seiner Angst nicht begegnen, indem er sich von der Mutter halten läßt. Im Gegenteil: Er muß den Abschiedsschmerz selber durchstehen, den Schmerz als Preis für seine Verselbständigung. Hier würden wir empfehlen, dem Jungen mehrere Male die Chance zu geben, die anderen Kinder im Kindergarten zu beobachten und ihnen beim Spielen zuzusehen, ohne daß ihre Mütter dabei sind. Dies sollte für Claudius das vorgelebte Bild sein. Am Abend vor dem geplanten ersten Kindergartenbesuch könnte seine Mutter mit ihm in der Vorstellung durchgehen, wie alles sein wird, wobei die Wahrscheinlichkeit eines Abschiedschmerzes nicht geleugnet werden sollte. Um Claudius die Kraft zu vermitteln, die er brauchen wird, könnte das Gespräch in vertrauter Umarmung geführt werden. Die magische Verbundenheit mit der Mutter kann das Kind noch bis in den nächsten Tag hinein mitnehmen.
Der erste Besuch des Kindergartens wurde für Claudius auf eine Stunde beschränkt. So lange konnte er schon gut auf die Mutter verzichten. Die Mutter versprach, daß sie am Kindergartenausgang auf ihn warten und daß sie sein Großsein feiern würden, indem sie miteinander zur italienischen Eisdiele gehen, wo Claudius selbständig bestellen kann. Dieses behutsame, stets gesicherte Verfahren in kleinen Schritten bewährt sich. Claudius kann sich der Mutter anvertrauen und auf diese Weise sein Selbstvertrauen stärken. Nach einigen wenigen Tagen konnte er den Kindergarten problemlos halbtags besuchen.
Es gibt aber auch verborgene, tief im Herzen des Kindes wurzelnde Ängste, die nicht so ohne weiteres nachzuvollziehen sind, die das Kind mit niemandem teilen kann, weil sich auch die Eltern oftmals vor ihnen schützen. Dies sind beispielsweise die Ängste der Kinder, die sich ungeliebt fühlen. Kinder, die in ihrem tiefsten Innern wissen, daß sie ihren Eltern nicht willkommen

waren, oder die fühlen, daß die Eltern mit ihnen unzufrieden sind, weil sie für ihre stolzen Pläne untauglich sind: Sie sind weder hübsch noch klug, noch sportlich. Solche nie geäußerten, im Tiefsten verborgen bleibenden Ängste befallen viele Kinder von geschiedenen Eltern, weil sie sich unter dem Hin und Her der Eltern sehr zerrissen fühlen, weil sie sich weder dem einen noch dem andern Elternteil in ihrer Not anvertrauen können, sie der vorbehaltlosen Liebe nicht mehr trauen können und weil sie oftmals daran zweifeln, überhaupt noch geliebt zu sein. Der Erwachsene ist in diesen Situationen so mit sich beschäftigt, daß er sich gar nicht in die Sichtweise des Kindes hineinfühlen kann. Wenn sich das Gefühl ausbreitet, daß die Liebe fehlt, bricht ein unerträglicher Schmerz hervor. Einigermaßen helfen kann sich nur der Erwachsene, denn er kennt Bewältigungsstrategien. Er kann einen neuen Partner suchen, kann sich an eine Selbsthilfegruppe wenden oder eine Psychotherapie aufsuchen. Das kleine Kind weiß sich aber noch keinen Rat. Es ist seinem Schmerz alleine ausgeliefert. Wenn hier niemand ist, der seine Trauer auffängt und liebevoll und tröstend in den Gegensatz der Freude überleitet, so offenbaren sich seine verschluckten Tränen und seine verdrängten Ängste oftmals auf psychosomatischen Wegen mit Symptomen wie Verstopfung, Einkoten, Bettnässen, Hautausschlägen, Freß- oder Magersucht und ähnlichem, aber auch in reinen Verhaltensstörungen wie Lügen, Stehlen oder in scheinbar unauffälligen Ersatzsicherheiten wie Sammeln und perfektes Leisten. Sie können sich aber auch in einem »aggressiven Amoklauf« gegen sich selbst, gegen die Mutter oder gegen die Geschwister richten. Wie auch immer – jedesmal kommt eine große Verzweiflung zum Ausbruch. Fühlt sich das Kind von den Eltern nicht geliebt, so kann es sich selbst nicht lieben, und es kann auch keine Liebe weitergeben.

Wenn der Eiter in der Tiefe der Wunde steckenbleibt und keinen Abfluß findet, wenn er steckenbleibt, wo der Schmerz drückt und bedrückt, dann bedeutet das Depression der verwundeten Seele. Es ist Raum da für die schmerzstillende Droge, wo die

Liebe fehlt. Nach außen wirkt ein so verletztes Kind verstimmt und lustlos, im Innern ist es hilflos und tieftraurig.
Es nach seinem äußeren Verhalten zu beurteilen und zu strafen, ist für das verletzte Kind das größte Unrecht. Es hilft ihm nicht, wenn man an seinem Störverhalten herumerzieht, es hilft ihm nur, wenn man sich in seinen Schmerz einfühlt und ihm erlaubt, seinen tiefempfundenen Schmerz hinauszuweinen, um sich so von ihm zu befreien.
Zu uns kam eine Mutter mit zwei Kindern, das sieben Monate alte Kind auf dem Arm, den fünfjährigen Peter an der Hand. Sie beschwerte sich, weil Peter sich seit einiger Zeit auf Spielplätzen aggressiv gegen andere Kinder verhält. Besonders erschreckt ist sie darüber, daß er der Angreifer ist und daß sich seine Aggression gegen jüngere Kinder richtet. Sie hat ihn schon mehrfach geschlagen, um ihm zu zeigen, wie weh es den kleinen Kindern tut, wenn er auf sie eindrischt, aber das hat nicht geholfen. Im Gegenteil! Peter scheint immer gröber zu werden. Die Mutter sieht ihn schon als Kriminellen.
Als wir unseren Verdacht äußerten, Peters Verhalten könnte seine Eifersucht spiegeln, sagte sie: »Nein, er mag seine Schwester sehr. Die hat er noch nie geschlagen, und wenn ich sie stille, möchte er immer dabeisein und sehen, wie es ihr schmeckt.«
Während der Untersuchung haben wir Peter gebeten, seine Familie in Tieren zu malen: Er war die kleine Katze, die auf der Straße geht, seine Schwester ein kleiner Vogel und die Mama der große Vogel. Und als wir ihn fragten: »Was sagst du denn dem kleinen Vögelein?«, sagte er ohne zu zögern: »Flieg weg!«
»Fliegt es weg?«
»Nein, es kann noch nicht!«
»Was machst du mit ihm?«
»Ich fresse es auf!«
»Oh – da wird die Vogelmama aber traurig sein!«
»Wieso?« fragte Peter. »Die freß ich doch auch!«
»Aber Peter!« sagte die Mutter erschrocken und sie erkannte das Problem.

Wir halfen der Mutter noch mehr zu verstehen. Peter traute sich nicht, seine Eifersucht zu zeigen. Er leitete die Eifersucht gegen andere kleine Schwestern und Brüder ab und kam mit der ihn dafür strafenden Mutter in einen Teufelskreis. Wenn sie ihn schlug, fühlte er sich von ihr noch weniger geliebt und mußte kleinere Kinder noch mehr hassen. Er fühlte sich nur dann geliebt, wenn er sich zu Hause artig verhielt.
Wir rieten der Mutter an, wenn Peter nochmals kleine Kinder schlagen sollte, ihn dafür nicht zu bestrafen, sondern ihn auf den Schoß zu nehmen und ihm zu sagen: »Du mußt nicht gegen die kleinen Kinder wütend sein, du kannst die Wut bei mir ausschreien! Ich mag dich, auch wenn du nicht artig bist.«

Loslösung

Peter ist schulpflichtig. Seine Eltern möchten ihn gerne in die Schule geben und haben ihm, um ihn zu motivieren, den schönsten Schulranzen gekauft, den sie auftreiben konnten. Die Kindergärtnerin aber zweifelt seine Schulreife an: Peter kann im Spiel mit anderen Kindern noch nicht verlieren. Er verlangt beim Malen und Ausschneiden noch nach ihrer Hilfe, ebenso beim An- und Auskleiden. Versuche der Kindergärtnerin, ihm die Hilfe zu versagen, beantwortet er mit Weinen.

Die Eltern meinen, daß er wegen der Sturheit der Kindergärtnerin ungern in den Kindergarten geht, und hoffen, daß die Lehrerin freundlicher ist.

»Das Problem liegt nicht bei der Kindergärtnerin, sondern darin, daß Ihr Sohn vom Elternhaus noch nicht losgelöst ist. Er ist tatsächlich noch nicht reif für die Schule!« sagten wir, als wir Peters bisherige Entwicklung und seine Einstellungen untersucht hatten.

Die Eltern waren betroffen, denn sie wollten für ihr Nesthäkchen nur das Beste und hatten ihr Bestes gegeben. Sie waren aber bereit, ihre Einstellungen zu überdenken und zu schauen, worin die Ursache für Peters soziale Unreife lag. Der Vater sagte: »Ich fühle mich schuldig, wenn mein Sohn mir den Vorwurf macht, daß ich in meinem Vertreterberuf viel zu viele Überstunden mache. Aber ich spiele mit Peter so oft ich kann, meine Frau und seine beiden älteren Schwestern auch!« Und die Mutter sagte: »Aber er will immer nur mit ihm spielen!«

Zunächst haben wir den Vater von seinem Schuldgefühl befreit: Eltern sind nicht zum Spielen da, dazu sind andere Kinder geeigneter. Die Eltern haben nicht mehr die kindliche Phantasie und auch nicht die natürliche Härte des kindlichen Gegenspielers. Sie bringen falsche Toleranz ins Spiel, neigen dazu, dem Kind Verluste und Enttäuschungen zu ersparen, und lassen sich von dem Gedanken leiten, daß das Spiel nur Freude machen soll. Durch ihre, aus der Erwachsenenwelt kommenden Vorstellungen, hemmen sie häufig die Entfaltung der kindlichen Phantasie und auch die Entfaltung der kindlichen Durchsetzungskräfte. Unbemerkt wird das Kind durch die sanfte Weise des Spielleiters fremdbestimmt und kann seine kindliche Eigenständigkeit nicht ausbauen. Eine sonderbare Verschmelzung: Der Erwachsene wird zum Kind und das Kind zum Erwachsenen! Dem Erwachsenen schadet dies weniger als dem Kind, denn es kann weder an der echten Welt des Erwachsenen teilhaben noch echt kindlich sein. Letzten Endes geht – in bester Absicht – die Welt des Kindes verloren.

Es hat sich im Beratungsgespräch ergeben, daß Peter von klein auf in der Entfaltung seiner Eigenständigkeit behindert war. Er war der Jüngste von drei Geschwistern, die zehn- und zwölfjährigen Schwestern haben sich über die lebendige Puppe sehr gefreut und haben ihn besonders verwöhnt. Sie und die Eltern haben ihm vorgespielt oder für ihn gespielt, statt ihn selbst spielen zu lassen. Sie haben ihn gefüttert, obwohl er Lust hatte, mit dem Löffel zu experimentieren. Sie haben ihn auf dem Spielplatz beim Klettern auf dem Kletterturm gehalten. Wenn er weinend vom Spiel mit anderen Kindern zu seinen Betreuern kam, wurde er getröstet und auf dem Schoß gehalten, nicht aber zu weiterem Spiel mit den Spielkameraden ermuntert. Er wurde auf eine sanfte Weise in seinem Nest festgehalten und weil ihn der Schutz der Geschwister und der Eltern überall hin begleitete, wuchs das Nest mit ihm.

Für den jungen Vogel ist das Nest, in dem er heranwächst, immer gleich groß. Erst wenn das Nest zu klein wird, bekommt er Lust zum Ausfliegen. Er fliegt dann auf seine eigene Weise, nur den Weg macht er mit der Vogelmutter gemeinsam... Da Peter die Lust zur Loslösung nicht rechtzeitig erfahren durfte, wurde ihm die Loslösung im Kindergarten zur unangenehmen Pflicht!

In der gesunden Entwicklung wächst die Lust zur Erfahrung des eigenen Willens und somit die Lust zur Loslösung stufenweise.

Loslösung hat Bindung zur Voraussetzung

Die Grundbedürfnisse nach Bindung und Geborgenheit müssen in den ersten drei Lebensjahren gesättigt sein. In dem gleichen Zeitraum gewinnt das Kind aber auch die Ansätze zur Eroberung und Erforschung seiner Umwelt. In der ersten Zeit muß sein Forscherdrang von den Eltern überwacht werden. So wie das Kind eigene Fähigkeiten und Erfahrungen gewinnt, Gefahren abschätzen kann, aus schlechten Erfahrungen Einsichten ableitet, können und müssen die Eltern ihren Schutz zurücknehmen. Zur Entwicklung der Eigenständigkeit gehört, daß das Kind von klein auf seine eigene Aktivität erfährt. Entwickelt sich das Kind nämlich nur durch Vorbild und Leitung, so bleibt es ein fremdbestimmtes Objekt des erzieherischen Strebens und unterscheidet sich kaum von einem dressierten Tier.

Das Selbst des freien Menschen entwickelt sich nur über das aktive Erfahren des eigenen Willens im Fühlen und Denken

Wenn ich ewig Beifahrer bin und dabei passiv, so verlerne ich allmählich, mich den steten Veränderungen im Straßenverkehr anzupassen, aktiv zu reagieren und zu eigenen Lösungen zu kommen. Ich büße die Freude am eigenen Fahren ein, aber mit der Zeit auch den eigenen Fahrstil und das Selbstvertrauen, obwohl ich ursprünglich die Fähigkeit hatte und den Führerschein auch mühelos erwarb. Auch manche Hausfrau, für die der Ehemann stets fährt, traut sich nicht mit dem eigenen Wagen in der Stadt einzukaufen und ist in diesem Sinne abhängig von ihrem Mann.

Ein Beispiel mag verdeutlichen, wie wichtig eigene Entscheidungen sind:

Wenn ich mich beispielsweise entscheide, nachts bei *dem* Wetter, mit *dem* Menschen und *dem* schlechten Auto zu fahren, dann trage ich auch eigene Verantwortung für die Sicherheit. Ich muß das Auto durch Schneeketten rüsten, ich muß mich anstrengen,

daß ich nicht bei dem monotonen Geräusch, das die Scheibenwischer und der Motor machen, einschlafe. Ich muß Rücksicht auf die Ängste meiner Beifahrer nehmen und auch um die Sicherheit der anderen Verkehrsteilnehmer besorgt sein.
Wenn ich mich für ein Ziel selbst entscheide, dann setze ich dazu meinen Willen und die eigene Verantwortung ein. Dadurch, daß ich mich selbst entscheide, tue ich es aus freier Entscheidung und bin frei, obwohl ich dadurch das Einhalten gewisser Regeln auf mich nehme.
Um Freiheit des eigenen Selbst zu erreichen, muß das Kind von klein auf ausreichend Gelegenheit haben, seiner Eigenverantwortung angemessene eigene Entscheidungen zu treffen. Unnötige Verbote hemmen das Kind.
Es kann in den ersten drei bis vier Monaten nicht darüber entscheiden, ob es von der Mutter getragen wird oder nicht. In den ersten sechs Monaten darf es zwar nicht darüber entscheiden, ob es die rechte oder die linke Brust bekommt, aber es soll die Brust bekommen, wann es will, es darf trinken, soviel es will, und es darf das Tempo bestimmen. Das Kind, das schon gehen kann, darf zwar nicht darüber entscheiden, ob es auf dem Spaziergang an der Hand gehen soll oder nicht. Aber es darf darüber entscheiden, was es anschauen will…
Die eigene Entscheidungsfähigkeit wächst mit zunehmendem Verständnis für Zusammenhänge und mit wachsendem Unterscheidungsvermögen. Die Fähigkeit zur Entscheidung bezieht sich zunächst nur auf das Stillen der Grundbedürfnisse nach Nahrung und Bewegung. Durch die wachsende Neugier wird das Spektrum eigener Entscheidungen für das Kind zwar immer breiter, es reicht jedoch noch nicht über das Nest hinaus.

Der entscheidende Meilenstein auf dem langen Weg der Loslösung ist die sogenannte Trotzphase

Ob man diese Hürde annimmt oder ob man sie geschickt umgeht (zum Beispiel indem man das trotzige Kind ablenkt), entscheidet darüber, ob das wahre Ich stark oder geschwächt geboren wird. Die Geburt der Ich-Empfindung ist wirklich ein faszinierendes Ereignis! Sie ist ein Entwicklungssprung. Alle bis dahin wachsenden Anlagen und Erfahrungen fließen nun in einen reißenden Strom hinein, der erst allmählich sein Flußbett annimmt.

Die Zusammenarbeit der Sinne und Motorik ist nun so weit entwickelt, daß das Kind seine Bewegungen beherrscht, ohne sie sehen zu müssen. Es hat sie verinnerlicht. Es beherrscht die Sprachartikulation, kann Pedale am Dreirad treten, kann fremde Mimik willentlich nachahmen, lernt seine Schließmuskeln beherrschen. Es ist soweit, daß es Umwege und Ersatzmittel findet, um etwas zu erreichen. Es kann also frei kombinieren. Es weiß sich selbst Rat! Ohne die Mama um Hilfe zu bitten, holt es sich einen Hocker, um höher zu kommen. Es kann die Bezugsperson sprachlich nicht nur erreichen, es kann sie jetzt auch erobern und sich ihr widersetzen. Es kann sie verärgern, und es kann eigene Gefühle sprachlich äußern. Es kann sich mit der Mama gegen den Papa verbinden, mit dem Papa gegen die Mama…

Die Quellen des Lernens – Vorbild, Leitung und spontanes Handeln – geraten in einen gärenden, letztlich aber klärenden Strudel

Weil sich das Kind jetzt so kraftvoll und so tüchtig fühlt, möchte es nun alles so machen wie das Vorbild. Es möchte so gerne den Einkaufswagen *alleine* schieben und *alleine* die Ware hineintun – in *Eigen*verantwortung und nach *eigenen* Vorstellungen. Dabei stößt es aber an eigene Grenzen: Der Wagen ist noch zu schwer, das Regal zu hoch, und es muß sich ein »Nein, das darfst du nicht« anhören.

Bewußter und betroffener als je zuvor fühlt es die Einengung des »Ich« durch das »Du«, was sich in heftigen Zornesausbrüchen zeigt. Es fühlt die Notwendigkeit, daß es sich das Ich nicht einengen lassen darf und sich behaupten muß, um nicht unterzugehen, und schreit deshalb seine Kränkung in die Welt hinaus und stampft sie in die Erde hinein! Von hier an unterscheidet das Kind sehr bewußt zwischen »Ich« und »Du«, »Mein« und »Dein«, wobei die Auseinandersetzung zunächst noch im Rahmen des Nestes stattfindet. Das Kind trotzt nur gegen seine nächsten Bezugspersonen.

Aus der magischen Welt des unbewußten Tuns wird es nun hineingeboren in die eigene Wahrnehmung der realen Welt. Es erfährt mehr über seine eigenen Gefühle und Grenzen und auch die der anderen. Es bildet Einsichten und fängt an, mit Regeln bewußter umzugehen. Vorbilder werden jetzt willentlich gesucht und kritisch betrachtet. Immer besser, immer feiner lernt das Kind unterscheiden. Mit etwa vier bis fünf Jahren kommt es in eine Stufe, wo es erkennen kann, daß es nicht nur ein »Ich«, sondern auch ein Geschlecht hat, daß es Bub oder Mädchen ist. Auf eine besondere Weise löst es sich nun vom gegengeschlechtlichen Elternteil und fühlt sich zum gleichgeschlechtlichen aufgrund der Gemeinsamkeit freundschaftlich hingezogen. Der Junge möchte so sein wie der Papa, so mit der Bohrmaschine umgehen, so Autofahren und so wie der Papa die Mama liebhaben. Und das Mädchen folgt dem Vorbild der Mama und will sich wie sie schmücken, hohe Absätze tragen und so kochen und den Papa haben.

Nun aber noch einmal zurück zu unserem Peter. Wir konnten die Eltern insofern beruhigen, als Peter sich den Vater zum Vorbild erklärt hatte. Das war seine Art der Loslösung von der ihn hemmenden Mutter, um sich als Junge zu verwirklichen. Das ungesunde war, daß es dabei geblieben war und er sich keine Freunde außerhalb des Nestes gesucht hatte. Daß er dies nicht tun konnte, war die Folge einer Art Verhätschelung. Zwar hat Peter im Nest sich noch den Trotz erlaubt, jedoch neigte seine Familie dazu, ihm die Auseinandersetzung und Enttäuschung zu ersparen. Eltern und Geschwister haben ihn eher mit Unterhaltung abgelenkt, als ihn seinen Trotz gegen Widerstand

ausleben zu lassen. So haben ihm auch diese Widerstandskräfte gefehlt, um sich Freunden außerhalb der Familie zu stellen. Und es hat sich auch die Fähigkeit, Unausweichliches und Unangenehmes anzunehmen und Enttäuschungen zu ertragen, nicht ausbilden können.
Unser Rat war, ihn tatsächlich von der Einschulung noch zurückstellen zu lassen und das Jahr zu nutzen, Kontakte zu anderen Kindern zu pflegen, ohne ihn zu beschützen oder ihn in seiner Schwäche zu bestätigen. Er sollte vor allem lernen, Enttäuschungen zu ertragen und eigenes Tun zu entfalten, wobei dieser Lernprozeß im Elternhaus beginnen sollte.
Als wir diese Ratschläge den Eltern erteilten, wurde deutlich, wie schwer sich die Eltern taten, ihren Jüngsten aus der Rolle des Kleinstkindes zu entlassen. Ihre eigenen Vorgeschichten hatte sie eingeholt:
Beide Eltern hatten eine sehr schwere Kindheit. Sie konnten sich nicht beschützt, geschweige denn verwöhnt fühlen. Bei den Töchtern hatte ihre eigene Verunsicherung noch bewirkt, daß sie sich bewußt um eine konsequente Erziehung bemühten. Aber als nach zehn Jahren der Sohn geboren wurde, bestimmte sie nur noch ihr Gefühl. Durch die geglückte Erziehung der Töchter waren sie unbeschwert, und ihr eigenes Nachholbedürfnis nach Geborgenheit und Verwöhnung brach durch.

Ohne Freunde keine Loslösung

Eine Mutter kam zu uns zur Beratung und wollte wissen, was sie in dem von ihr gegründeten Mini-Club falsch macht. Zweimal in der Woche treffen sich hier für zwei bis drei Stunden zwei- und dreijährige Kinder, um Freunde zu finden. Einige Kinder scheinen sich wohlzufühlen, aber andere Kinder weinen die ganze Zeit und lassen sich auch durch die attraktivsten Angebote nicht in ein Spiel locken.
Zunächst fanden wir die Idee bestechend, Kindern Kontakte mit Kindern zu ermöglichen. Ein Modell in der heutigen Zeit, wo doch so viele Kinder als Einzelkinder groß werden und auch in der Nachbarschaft nur noch wenige Kinder anzutreffen sind! Die Kinder leben heute in einer kinderunfreundlichen Umwelt: In einer Kleinfamilie – entweder im Einfamilienhaus, dann mangelt es ihnen häufig an den Nachbarskindern, oder in einem Hochhaus, wo zwar Kinder in der Nähe sind, aber man wegen kinderfeindlicher Nachbarn nicht Lärm machen kann. Lediglich die weinenden Kinder machten uns stutzig.
»Wie reagieren die Mütter darauf?« fragten wir naiv und bekamen zur Antwort: »Die sind doch gar nicht dabei!« Das war also des Pudels Kern!
Weit gefehlt nämlich, daß Kinder von zwei und drei Jahren schon in der Lage sind, echte Freundschaft zu schließen. Bis zur Ausbildung seines Ich-Gefühls kann das Kind nur *neben* dem Gleichaltrigen spielen. Es ist bis dahin nur ein »Es« und nimmt im anderen Kind nur sein Spiegelbild wahr. Um die Gegenwart des anderen Kindes neugierig genießen zu können, braucht es noch das Bewußtsein, daß seine nächste Bezugsperson in der Nähe ist. Zwei bis drei Stunden ohne die Mutter sind für manche sensiblen Kinder eine Ewigkeit, der man ausgeliefert ist und wo man sich verlassen fühlt. Die für Erwachsene übersichtlich erscheinende Regel, zweimal die Woche, ist für

das Kind völlig unübersichtlich, und es erlebt die Regelung als willkürlich. Dies ist der entscheidende Unterschied zu dem Pflegenest, in das das Kind täglich kommt und wo es in der Pflegemutter eine Vertreterin der Mutter erlebt.
Von Freundschaft kann in diesem Alter des Kindes deshalb noch keine Rede sein, weil Freundschaft das Erleben von »Ich« und »Du« voraussetzt. Das Miteinander und Füreinander, Gegeneinander und doch Füreinander setzt Reife voraus, die dem Kind erst im Laufe des Lebens erwächst.
Nach welchen Gesetzmäßigkeiten vollzieht sich das? Um die Abhängigkeit vom Vorbild der Eltern aufzulockern, genießt das Kleinkind andere Kinder. Das gleichaltrige, von ihm ebenbürtig erlebte Kind betrachtet es als Spiegelbild. Es prüft, wie der Spiegel reagiert: Spielt er mit dem gleichen Spielzeug? Hat er etwas, was man ihm entreißen kann? Spielt er anders, so ahmt das Kind dieser Stufe das spiegelbildlich nach. Das drei- bis vierjährige Kind, dessen Ich-Gefühl bereits erwacht ist, sucht nach der Resonanz. Es will wissen, ob der ihm Ähnliche mit dem gleichen Spielzeug genauso spielt wie es selbst. Indem es jetzt anfängt, *mit* dem anderen Kind zu spielen, stellt es sich auch aktiv der Auseinandersetzung mit dem Gegenüber. Es stellt fest, daß das »Du« anders ist, anders spielt, anders spricht, anders auf Herausforderung reagiert, sich anders durchsetzen kann, als das »Ich« es erwartet hätte.
Das Kind will wissen, ob der andere ebenso oder anders spielt. Es will wissen, ob der Kamerad ihm auf seine Fragen antwortet, ob er ebenfalls einen Opa und eine Oma hat und ob er auch Angst vor Gespenstern hat. Es möchte gerne wissen, ob der andere die Dinge ebenso angeht wie es selbst, ob er stärker ist, ob er mit oder schon ohne Stützräder Rad fährt, ob er auch weint, wenn er sich beim Hinfallen weh tut… Viele Fragen tauchen auf!
Das Kind stellt im Spiel mit dem anderen Kind fest: »Ich bin ich« und »du bist du«. Langsam dringt in sein Bewußtsein, »das sind meine Gefühle«, »das sind deine Gefühle«, und sein Einfühlungsvermögen bildet sich ganz allmählich.

Im gemeinsamen Umgang mit Spielmaterial wie Bauklötzen, Playmobil usw., im gemeinsamen Lagerbau, Ansammeln von Vorräten (Nüssen, Kirschen…) lernt das Kind, Eigenes zu verteidigen, aber auch auszuteilen, und es lernt, sich beschenken zu lassen. Es lernt, gemeinsam schwierige Situationen zu bewältigen, zum Beispiel sich gegenseitig über einen Zaun zu helfen, miteinander ein viel zu schweres Stück Holz zu tragen, gemeinsam Gefahren durchzustehen. Es lernt solidarisch auszuhalten, daß die Nachbarin schimpft und einen verpetzen wird. Solidarisieren kann man sich nur mit dem Weggenossen, nicht mit dem Mächtigen oder Überlegenen. Aus »Ich« und »Du« bildet sich allmählich (so gegen das beginnende Schulalter) das »Wir« und »Euch«: Unsere Familie feiert mit eurer Familie ein Gartenfest. Wir Kinder sollen wegen euch Nachbarn still sein?

Etwa im sechsten Lebensjahr ist das Kind dann so weit, daß es sich als Mitglied einer Gruppe fühlen und aus eigener Verantwortung die Regeln der Gruppe akzeptieren kann. Das macht seine Schulreife aus.

Die Kinderfreundschaft verwirklicht sich meist nur im Spiel. Das Spiel ist für das Kind kein Spiel im Sinne des Erwachsenen. Spiel bedeutet für das Kind in der magischen Stufe Darstellung seiner Wirklichkeit und die Möglichkeit, die Vielfalt seines Erlebens in die Außenwelt übertragen zu können.

Das Erleben von »Ich« und »Du« wie auch von »Wir« und »Euch« probt das Kind in unzähligen Rollenspielen. Zwar kann es auch mit sich alleine Rollenspiele machen, aber reicher und der Wirklichkeit angemessener ist das Spiel mit dem Kameraden. Es erlaubt den Rollentausch und auch die Rückkoppelung, wie die gewählte Rolle wirkt: Mal erlebt es sich als Mama, mal als Baby, mal als Arzt, mal als den Patienten, mal sich selbst als Schüler und den anderen als Lehrer – und umgekehrt. Es erlebt das »Wir« als Angehöriger eines Indianerstammes im Kampf gegen die Weißen, einmal siegreich, einmal geschlagen…

Der Erwachsene kann dem Kind den gleichaltrigen Spielkameraden kaum ersetzen. Täuscht der Erwachsene vor, daß er nicht so hoch springen kann wie das Kind, daß er nicht so stark ist, so ist er in seiner Rolle nicht glaubhaft. Täuscht er nicht, so ist er auch nicht der gleichwertige Partner, an dem man sich messen und an dem man reifen könnte. Damit das Kind in vielfältiger Form die Prozesse der Anpassung und Durchsetzung ertragen lernt, braucht es mehrere Kameraden, darunter auch ältere und jüngere. Es soll die Rolle des Anführers genießen können, aber auch die Rolle des Mitläufers durchleben, und es soll auch ertragen lernen, das schwache Schlußlicht einer Gruppe zu sein!

Wenn die Eltern mit dem Kind durch diese Prozesse gehen, ob als Erzieher oder als Spielkameraden, so empfindet das Kind, daß es den Eltern doch letztlich zu Gefallen sein sollte. Das Kind ist wesentlich freier in seinen Entscheidungen, wenn es diese Prozesse mit seinen Kameraden durchläuft. Aus freien Stücken entscheidet es sich für den Freund und folgt ihm. Aus eigenem Willen schränkt es seine Durchsetzungsversuche gegenüber dem Freund ein, wenn es merkt, daß dieser gekränkt ist und es ihn verlieren könnte. Es fühlt sich ein und übernimmt die Verantwortung für die Freundschaft, ohne daß ihm das befohlen wurde. Es muß seinen sozialen Willen einsetzen und gewinnt dadurch Loslösung vom Elternhaus, Selbständigkeit in der Beziehung und Toleranz.

Freundschaft, als der aus dem eigenen Willen eingeschlagene Weg zur Loslösung von den Eltern verstanden, stellt für das Kind die freieste aller Beziehungen dar – sofern sie frei von Abhängigkeiten ist.

Wie kann man Kinder an das Erlebnis einer treuen Freundschaft heranführen? Sicher nicht so, wie wir es in unserer Sprechstunde gelegentlich miterleben können bei Eltern, die sich darüber beklagen, daß ihr Kind keine Freundschaften pflegen kann: Die einen sind dazu selber nicht in der Lage. Sie sitzen hinter ihrer Jalousie vor dem Fernseher und pflegen nicht einmal die

Freundschaft mit ihrem Kind. Die andern wechseln stets die Partner – aus welchem Grund auch immer. Es verhilft dem Kind auch nicht zu Freundschaften, wenn unter der Fahrdienstleistung seiner Mutter seine freie Zeit verplant wird: da im Ballett, dort beim Schwimmen, dort in der Musikschule…

Aber wir haben auch den richtigen Weg bei Eltern gesehen: Sie leben ihrem Kind vor, wie und wo man einen Freund findet und wie man die Freundschaft erhält. So wurde uns klar, was ein Kind aus dem Vorbild entnimmt, als wir aus Kindermund hörten: »Als meine Mama einmal im Nähkurs war, da war da eine Frau, die ganz arg weinte. Meine Mama wollte wissen warum, und sie hat gesagt, daß sie bald keine Wohnung mehr hat. Sie hat schon bei 14 Türen geklingelt, aber niemand gab ihr eine, weil sie zwei kleine Kinder hat und gar keinen Mann. Meine Mama sagte: ›Wissen Sie was, kommen Sie zu mir, wir haben eine kleine Einliegerwohnung frei.‹ Da hat sich die Frau gefreut und ist zu uns gekommen. Jetzt geht sie immer mit meiner Mama zusammen in den Nähkurs, und sie nähen zusammen auch zu Hause und reden ständig. Und der Papa sagt, daß vor lauter Reden nichts mehr los ist. Aber das stimmt nicht. Als nämlich die Mama im Krankenhaus war wegen unserem Baby, da hat die Tante Irene für uns alle gekocht, und sie hat auf mich aufgepaßt, solange der Papa bei der Arbeit war. Mama sagt immer, das ist eine echte Freundin, auf die kann ich mich verlassen!«

Wenn das Kind das Glück hat, in seiner Umgebung einen oder mehrere Freunde zu finden, sollten sich die Eltern nicht in die Beziehung einmischen!

Sie müssen nicht befürchten, daß ihr Kind im Umgang mit einem wilden Freund einen Schaden davonträgt, und sie müssen ihm nicht die Chance zur Freundschaft verderben, indem sie zu ihm sagen: »Den bringst du mir aber nie nach Hause!«

Im Gegenteil: Das Kind soll seine Freunde nach Hause bringen, damit es miterleben kann, wie seine Eltern mit dem Verhalten des Freundes umgehen. Die Eltern sollen nicht die Beziehung

der Kinder verändern, sondern vielmehr ihrem Kind dabei helfen, daß sein Kamerad mit ihm zusammen die Regeln des Elternhauses einhalten kann. »Hier und dort dürft ihr toben, aber bei uns steigt man nicht mit Stiefeln auf das Sofa!« »Schreien kann man bei uns im Garten, aber nicht in der Wohnung!«
Unterstützen Sie Ihr Kind, seinen Spielkameraden nach Hause zu bringen, auch wenn Sie Spannungen mit Nachbarn riskieren und hernach mehr Arbeit haben, denn es ist für Ihr Kind wichtig, seinen Freund mitbringen zu können und sein Zuhause und die eigene Mutter mit ihm zu teilen. Aber es ist genauso wichtig, daß Sie Ihr Kind ermuntern, sich in die andere Familie einladen zu lassen. Insbesondere das scheue Kind braucht die Freundeserfahrung im eigenen Nest. Es braucht, um gleichwertig Freund sein zu können, die vertraute Umgebung, Sachen, die es beherrscht und die es besser versteht, mit denen es routinierter umgehen kann als der Freund. Es braucht die Gewißheit, daß seine Eltern im Hintergrund sind.

Wenn Ihr Kind nicht auf natürliche Weise Freunde finden kann, weil Sie zu weit ab wohnen, dann *müssen* Sie Ihrem Kind helfen, zu Freunden zu kommen. Das ist nicht leicht. Dazu genügt nicht die eine Schwimm- oder Ballett-Stunde pro Woche. Man muß sein Kind sozusagen bewußt »verkuppeln« und ihm Gelegenheiten einräumen, daß sich eine Beziehung zu einem andern Kind ergeben kann.

Das kann nur über die Eltern laufen. Wenn Sie also bemerken, daß sich Ihr Kind besonders gut mit einem Kind aus seinem Kindergarten oder seiner Ballettgruppe versteht, dann nehmen Sie doch Kontakt zu den Eltern dieses Kindes auf und klären Sie ab, ob die Kinder nicht außerhalb der Gruppe einander treffen könnten. Laden Sie das Kind (und seine Mutter/seine Eltern) einmal zu sich ein, und wenn die andere Familie Sie einladen möchte, dann nehmen Sie sich dafür die Zeit.

Wenn das Kind in diesem Alter lernt, Freundschaft zu pflegen, dann wird es diese Einstellung ins Erwachsenenalter und auf seine Beziehungen als Erwachsener übertragen.

Es kann dann teilen und sich mit-teilen, es wird gerne geben und nehmen. Es wird sich solidarisieren, aber auch Spannungen austragen können. Es wird Toleranz lernen, in dem Sinn, daß es sich an der Andersartigkeit des anderen erfreut und daß es die Andersartigkeit als Bereicherung für sich selbst empfindet.

Alltägliche Situationen: Stolpersteine auf dem Weg

Die Nächte mit dem Kind

Am anderen Ende des Telefons ertönt eine erschöpfte Stimme. Der erste Gedanke ist, man müßte sofort in höchster Alarmbereitschaft und mit Blaulicht dort hin. »Bitte helfen Sie mir, ich kann nicht mehr. Schon wieder bin ich mit meinem Baby die ganze Nacht durch die Wohnung gewandert. Wie eine Mondsüchtige. Wie in Trance. Will ich mich setzen, fängt es sofort wieder zu weinen an, und ich muß wieder aufstehen und weiter wandern!«

Eine andere Mutter stellt uns ihre etwa eineinhalbjährige Tochter vor. Das Kind schaut uns mit großen, ernsten Augen an. Es hat nichts kindlich Unbeschwertes mehr in seinem blassen Gesicht. Die zarte, alsbald in Tränen ausbrechende Mutter, berichtet:

Zu Beginn ihrer Ehe habe sie sich vorgenommen, bei der Erziehung ihrer Kinder, die sie, genauso wie ihr Mann, durchaus haben wollte, keinen einzigen Klaps anzuwenden. Bei der erstgeborenen Tochter habe sie das geschafft. Die heute vierjährige ist ein soziales, willensstarkes Kind geworden. Aber bei diesem zweiten Kind fürchtet die Mutter, die Selbstbeherrschung zu verlieren. Es wecke sie nun schon neun Monate lang jede Stunde und verlange, daß sie sich an sein Bettchen setzt und ihm die Flasche reicht. Tut sie es nicht, schreie es lauthals. Um den Schlaf der anderen nicht zu gefährden, sei sie ihrer Tochter ganz zu Diensten. Aber inzwischen sei sowieso schon die ganze Familie verstört. Das ältere Kind sei eifersüchtig und halte mit dem Vater wie eine Front gegen sie zusammen. Der Vater habe das Ehebett längst verlassen, weil er sich durch das stete Aufstehen seiner Frau gestört fühle. Wohl bereue er, je geheiratet zu haben, sie halte er für die »spinnige«. In der Sexualität laufe gar nichts mehr, und sie sei direkt froh darüber, denn sie habe sowieso keine Lust und keine Kraft mehr. Sie sei ganz ausgelaugt, denn monatelang habe sie selbst nicht mehr geschlafen, und tagsüber müsse sie den Haushalt versorgen. Irgendwie war das Familienleben seit der Geburt der zweiten Tochter immer schwieriger geworden… und wenn das Kind sie mitten in der Nacht zum soundsovielten Male weckt, dann überfalle sie ein regelrechter Haß auf das schreiende Kind, und sie würde ihm am liebsten ein Kissen auf das Gesicht drücken. So könne sie keinesfalls weiterleben, sie denke, daß Selbstmord eine Lösung wäre…

Da denkt man – arme Mütter! Die Väter sind gut daran. Auf Grund ihres Berufs können sie sich aus der Kinderbetreuung heraushalten. Aber weit gefehlt! Ein Vater erzählte uns, daß er – um seine Frau zu entlasten – mit dem acht Monate alten Kind in der Nacht stundenlang in seinem Reihenhaus die Wendeltreppe hinauf und hinuntergeht. Das Kind lasse sich durch den intensiv empfundenen Rhythmus des Treppensteigens ruhigstellen. Wir kennen auch Väter, die mit dem Kind im Auto etliche Stunden in der Nacht hin und her fahren und wehe, wenn sie an der roten Ampel anhalten. Das Kind werde sofort wach und finge an zu schreien. Wie lange kann man solche Prozeduren durchhalten? Was ist die Lösung?

Die meisten Eltern wollen ihr Kleinkind heute nicht mehr den Ängsten vor dem Alleinsein und der Dunkelheit ausliefern. Sie wissen, daß das neurotische Fortsetzen solcher Ängste bis ins Erwachsenenalter gehen kann und die Abhängigkeit von Ersatzbefriedigungen die Folge sein kann. Dafür gibt es genug Beweise bei den Generationen, die unter der Erziehungsmaxime groß wurden, »das Kind ja nicht zu verwöhnen!«, und man infolgedessen die Kinder in der Nacht ohne die tröstende Nähe schreien ließ. Jedes Kind verstummt, wenn es keine Antwort auf seine Hilferufe bekommt. Bei vielen verstummte aber auch das Suchen nach Vertrauen mit. Statt bei den Eltern die Beruhigung zu suchen, klammerte sich das Kind an seinen Schnuller. Wenn es nicht von der Mama gewiegt wurde, mußte es sich selber wiegen, schaukelte mit dem Kopf hin und her, um wenigstens andeutungsweise das warme Nest zu erspüren, oder es näßte ein. Ein Erinnerungsrest an die eigenen nächtlichen Ängste ist den Eltern geblieben, und dieser ist so gegenwärtig, daß sie sich in dieser Hinsicht gut in ihr Kind einfühlen können. Auf keinen Fall darf das weinende Kind in der Nacht sich alleine überlassen werden. In das eigene Bett möchte man das Kind aber nicht nehmen. Nicht unbedingt deshalb, weil man es selber als Kind nicht gewohnt war, am Körper des Nächsten einzuschlafen, sondern viel eher deshalb, weil die erlernte eigene Sicherheit darin bestand, aus der Vereinsamung das Beste zu machen: Wenigstens kann ich mich drehen, wie ich will, habe so meine Ruhe, muß nicht den Schweiß und Geruch des anderen aushalten. Man hat sich die Freiheit der Isolation genommen, dafür aber auf die körperliche Nähe verzichtet! Nicht alle Eltern haben das Bedürfnis nach der Nestwärme endgültig verdrängt und würden gerne mit ihrem Kind in einem Bett schlafen. Allerdings beschäftigt sie häufig die Frage, ob ihr Kind dann jemals wieder im eigenen Bett schlafen wird. »Was soll ich bloß machen, unser fünfjähriger Sohn schlüpft jede Nacht ins Ehebett. Ich hätte nichts dagegen, mir macht es nichts, aber mein Mann hat dafür kein Verständnis, und die Großeltern unterstützen ihn darin.«

Die Schlafprobleme stellen tatsächlich einen sehr häufigen Beratungsanlaß in unserer Sprechstunde dar. Nicht ohne Grund, denn die Nächte bedeuten in der magischen Stufe die Hälfte des ganzen Lebens. Kinder, die nicht in der Grundempfindung der Geborgenheit sind, erleben sie bedrohlich. Das Tragische ist, daß sich der Erwachsene nur bruchstückhaft an seine eigene magische Stufe mit ihren Ängsten erinnern kann und sich deshalb kaum mehr in das Kind einfühlen kann.

Die beschriebenen Situationen und Zweifel können sich nur in einer Gesellschaft des Wohlstands ereignen, in der jeder sein eigenes Bett und sogar sein eigenes Zimmer hat. Nur in einer großen Wohnung kann man hin- und hergehen. Nur in einer gleichmäßig gewärmten und beleuchteten Wohnung mag man nachts spielen. Nur wenn es keine sonderliche Mühe macht, weil man einen elektrischen Flaschenwärmer hat, kommt man in Versuchung, sein Kind stündlich mit der Flasche ruhigzustellen.

Aber versuchen wir uns in die Lage des Kleinkindes zu versetzen und aus seiner Sicht das faszinierende Schauspiel mitzuerleben, in dem es sich als allmächtiger Spielleiter empfindet: Es schreit in seinem Bettchen und erlebt, daß auf einem entfernten Planeten – sprich: im Schlafzimmer der Eltern – das Licht angeht, und in dem Maße, wie es laut und lauter wird, wird das Firmament immer heller und heller, vor allem die Milchstraße des Flurs! Durch die rollt die Mutter heran, sie wird immer größer und größer, bis sie schließlich am Rande des Bettchens erscheint. Sie landet sanft und leise und – weil sie die Warnung wohlmeinender Ratgeber im Ohr hat: »Wenn du das Kind in der Nacht in den Arm nimmst, wirst du es nie mehr los« – überprüft sie unauffällig, was dem Kind fehlen könnte. Sie ist sicher, es ist noch sauber, es ist gesund. Aber vielleicht möchte es etwas zu trinken haben, und so geht sie in die Küche und wärmt die Flasche. Das Kind macht einen Schluck, mag aber nicht weitertrinken, denn Durst hatte es nicht. Es beruhigt sich aber trotzdem. Es war schön, die Mutter gespürt zu haben. Sie hatte auf sein Rufen reagiert. Nun entschwindet sie aber wieder in das immer dunkler werdende All. Das Kind liegt da mit seinem Aha-Erlebnis. Es erahnt den Zusammenhang zwischen seinem Rufen und dem großartigen Lichtspiel, das ihm Mutter und Flasche brachte, und versucht es nochmals. Wie auf Knopfdruck verändert sich die Szene – genau nach den Erwartungen. Nochmals und nochmals probiert es das Kind, Nacht für Nacht. Der erschöpften Mutter rät der Kinderarzt schließlich, dem Kind kein Getränk mehr in der Nacht zu geben, es einfach schreien zu lassen, aber doch in seiner Nähe zu bleiben. Die Folge ist, das Kind schreit noch heftiger, es verlangt nach bereits Erfahrenem. Die Mutter würde schon aufgeben, da sie nicht mehr kann. Da schaltet sich der Vater ein. Er nimmt das Kind auf den Arm, geht mit ihm unter Schütteln und Streicheln durch die Wohnung, die Treppen hinauf, die Treppen hinunter... Eine Reihenfolge von lauter neuen Überraschungen! Lauter neue Lichteffekte, wie das Licht von der Straßenlaterne und dort das rote Lichtlein von der Waschmaschine und noch ein anderes von der Spülmaschine. Ein abenteuerlicher Weg an Geräuschquellen und Düften vorbei. Ein Schauspiel voll neuer Szenen. Als der Vater feststellt, daß er offensichtlich nie aufhören kann, die Treppen hinauf und herunter zu laufen, denn sobald er in die Nähe des Kinderzimmers kommt, verstärkt sich das Schreien, holt auch er schließlich die Flasche, um das Kind geschickt abzulenken...

»Wir haben alles probiert!« hören wir von den Eltern. Aber indem sie alles probiert haben und immer noch Neues probieren, wird es dem Kind unmöglich, zur Ruhe zu kommen, denn es muß stets neue Attraktionen in seinem nächtlichen Schauspiel erwarten, ja, es muß dazu anregen! Sein ganzes Denken ist auf Touren, um die Vielfalt herzustellen, aber auch um sie zu verarbeiten.

Das Resultat ist mehr eine Verwirrung als eine Bereicherung. Indem sich das Kind als der allmächtige Puppenspieler empfindet, verliert es die Möglichkeit, sich bei den marionettenartig empfundenen Eltern geborgen zu fühlen und sie zu achten. Die Erfahrung der Nacht überträgt sich auf den Tag. Anstatt sich von seinen Beschützern liebevoll angenommen zu erleben, fühlt es deren immer mehr mit Haßliebe besetzte Hilflosigkeit.

In ärmeren Kulturkreisen gibt es diese Probleme so gut wie nicht. Dabei muß man gar nicht an ferne Länder denken, das Bild von den beengten Wohnverhältnissen nach dem Krieg oder von Flüchtlingsunterkünften ist auch hierzulande leicht abrufbar. Die Armen dürfen sich notwendigerweise noch natürlicher verhalten und demzufolge instinktgetreuer leben. Sie schlafen buchstäblich unter einer Decke, und es schadet niemandem. Denn der Begriff »unter einer Decke« ist nicht nur eine Ortsangabe, sondern auch ein sozialer Begriff. Unter einer Decke ereignen sich viele wichtige Prozesse der Toleranz, des Durchhaltens, der Anpassung und der Verzeihung. Du hast noch so heftig am Abend mit deinem Bruder streiten können, und jetzt bist du froh, daß er dir einen Teil des Kissens überläßt. Dafür erträgst du gern sein Schnarchen an deinem Ohr und seinen Geruch. Du hast tagsüber aufgrund unnötiger Verbote die Mutter gehaßt und dir geschworen, von ihr wegzugehen und nie wieder zurückzukehren. Als du im Bett mit dem Rücken zu ihr liegst, merkst du, wie sie das Federbett um deinen Körper abdichtet, und läßt dich weich in ihren warmen Schoß fallen. Denn hier gibt es kein Ausweichen.

In armen Familien hatte man nur ein Bett, und nur in diesem Bett war es nachts warm, wenn im Winter der Ofen aus war. Unter solchen Bedingungen konnte die Nacht nicht zum Tage gemacht und durch die Wohnung gewandelt werden. Es war auch deshalb nicht möglich, weil hier so viele andere dicht nebeneinander geschlafen haben. Die Not setzte natürliche Grenzen, in die sich die Menschen zu fügen hatten, um miteinander zu überleben. Zugleich bildeten diese Grenzen auch die Umrandung des Nests. Sie waren stabil, unveränderbar, man konnte sich auf sie verlassen.

Solche Umstände, die möglichst ritualisiert sind, braucht jeder Mensch, der sich fallenlassen möchte. Denken wir auch daran, welche Sicherheitsstrategien wir benötigen, um schnell einschlafen zu können. Jeder pflegt doch seine eigenen Marotten: Der eine schläft ausschließlich in der embryonalen Lage auf der rechten Seite, der andere auf dem Bauch und mit der Hand unter der linken Wange, der dritte muß dabei einen bestimmten Wecker ticken hören. Bloß keine neuen Erfahrungen und keine neuen Sorgen! Wenn schon der Erwachsene immer die gleichen Umstände zum Einschlafen und ungestörtem Durchschlafen braucht, so sind sie für das Kind noch wichtiger, denn es ist noch ganz abhängig vom Grundbedürfnis nach Geborgenheit.

Freilich gibt es Kinder, die schon von Geburt an in aller Zufrie-

denheit alleine in ihrem Bettchen und ihrem Zimmer schlafen können und keine Probleme machen. Über sie brauchen wir nicht zu sprechen.
Hier soll die Rede von Kindern mit problematischem Schlaf sein. Sie haben Schwierigkeiten mit Veränderungen und damit, sich in den eigenen Leib und in die Umweltbedingungen einzuleben. Diese Kinder dürfen ihren Ängsten nicht alleine überlassen werden, da sie den Anlaß ihrer Angst noch nicht einordnen können. So leiden zum Beispiel manche neugeborenen Kinder in den ersten drei Lebensmonaten unter der Anpassung an einen Schlaf-Wach-Rhythmus und der Anpassung an die Verdauung. Manche Kinder haben im Brutkasten das paradiesische Urvertrauen im Mutterleib vergessen und finden es schwer, an Ähnliches anzuknüpfen.
Nur am Schreien des Kindes kann man das Ausmaß seines Entsetzens erkennen. Denn im Grunde verlangt es nachts nach nichts anderem als nach Sicherheit, und diese entsteht durch Erfahrungen, die seinen Erwartungen entsprechen.
Die wichtigste Grunderfahrung, die das Kind aus der Zeit der Schwangerschaft mitbringt, beruht auf dem Wahrnehmen des *Rhythmus*. Durch die Wiegebewegungen im Bauch der Mutter hat sich das Kind in seinen dreidimensionalen Lebensraum eingependelt. Alle diese mitschwingenden Bewegungen erfolgen monoton nach einem vorausspürbaren Rhythmus und in vorausspürbaren Richtungen von oben nach unten, von hinten nach vorn, nach rechts und nach links und das alles wieder zurück. Unentwegt, ohne Unterlaß, Tag und Nacht. So rhythmisch schlug und vibrierte auch das Herz der Mutter, und jeder Herzschlag war vorausspürbar.
In Zeiten von großem Streß muß das Kind wieder zu diesem Rhythmus zurück, um sich sicherer zu fühlen.
Es bekommt den Rhythmus jetzt aber nicht mehr von außen, sondern es muß ihn sich selber herstellen. Es schaukelt sich selber, es lutscht rhythmisch am Daumen oder am Schnuller, wedelt mit der Rassel, schlägt mit dem Kopf gegen die Wand.

Es ruft nach der Mutter, um den Rhythmus mittels Trinken, Streicheln, Reiben, Beklopfen oder Wiegen wiederzubekommen. Die intensivsten, über den ganzen Körper rhythmisch erlebten Sequenzen erfolgen allerdings beim Wiegen. Viele Eltern spüren das instinktiv und verleihen dem Kind den Rhythmus durch das Herumtragen. Es ist ihnen aber nicht bewußt, warum sie es tun. Wüßten sie es, dann würden sie dem Vorbild der Urahnen folgen und das Kind in eine Wiege oder eine Hängematte legen. Darin wiegt sich nämlich das Kind bei einer kleineren Unruhe selber in den Schlaf hinein. Je unruhiger das Kind ist, desto kräftiger muß es gewiegt werden. Es könnte aber in seinem Bettchen genauso neben dem Bett der Eltern schlafen und bei aufkommender Beunruhigung rhythmisch angetippt werden, um im Rhythmus eines gesummten oder leise gesungenen Wiegenliedchens wieder zur Ruhe zu finden.
Man kann sich nun fragen, warum solche Umwege? Es wäre doch viel schöner, das Kind fest an sich zu drücken, um ihm im eigenen Atmen den Rhythmus erleben zu lassen. Ja, sicher wäre es das natürlichste, aber manche Kinder brauchen einen intensiveren Rhythmus als den, den die liegende Mutter im statischen Bett bewirken kann.
Das Kind am Körper zu halten, bis es eingeschlafen ist, ist unseres Erachtens dann notwendig, wenn es auf Singen, Klopfen und Wiegen nicht mehr anspricht, sondern schon nach Ersatzbefriedigungen verlangt. Darunter zählen wir ab dem zweiten Lebenshalbjahr auch das häufige Verlangen nach Trinken und Herumgetragenwerden in der Nacht.
Den Rat, nicht länger auf den Wunsch des Kindes nach Ersatzbefriedigung einzugehen, sondern es am Körper der Mutter zur Ruhe zu bringen, haben wir mit gutem Erfolg in all den zu Beginn des Kapitels geschilderten Fällen erteilt. Am dramatischsten war seine Auswirkung bei einem eineinhalbjährigen Mädchen, das jede Stunde nach der Flasche verlangte. Mit der Begründung, daß ein Kind in diesem Alter viel eher Anrecht auf einen durchgehenden, ungestörten und erholsamen Schlaf

habe als auf beständiges Essen, rieten wir, ihm künftig keine Flasche mehr zu geben. Auf unseren Rat hin besprach sich die Mutter mit ihrem Mann, aber auch den Nachbarn, denn es war abzusehen, daß das Kind, wenn es von seiner »Droge« entzogen wird, noch lauter schreien würde. Der Vater hoffte auf eine Verbesserung für seine Ehe und bot an, ins Ehebett zurückzukehren und seine Frau darin zu unterstützen, nicht nachzugeben. Als dann seine Frau das weinende Kind im Arme hielt und tröstete, statt ihm die Flasche zu geben, hielt er die Frau, und wahrhaftig, sie benötigte aus lauter Mitleid mit dem Kind selber Trost und Aufmunterung zum Durchhalten.

In der ersten Nacht schien das Kind einen echten Entzug durchgemacht zu haben. Es schrie wie am Spieß, schwitzte und bäumte sich zur Brücke auf, bis es sich schließlich entspannt und zufrieden im Arm der Mutter fallenlassen konnte. Am Tag hat die Mutter das Kind konsequent am Aufholen des Schlafes gehindert, um dem Einpendeln eines neuen Schlaf-Wach-Rhythmus eine Chance zu geben. In der zweiten Nacht testete das Kind nur noch, ob es sich auf das »Nein« seiner Mutter verlassen kann. Die Beruhigung trat ziemlich schnell ein, und in der dritten Nacht konnte das Kind, ohne nach der Flasche zu verlangen, durchschlafen.

Das Problem der Gewöhnung an das Miteinanderschlafen im Ehebett läßt sich sehr schnell lösen, sofern die Eltern die Loslösung wirklich wollen. In diesem Zusammenhang sei erwähnt, daß es noch gar nicht so lange selbstverständlich ist, daß jedes Kind sein eigenes Bett hat. Noch bis in die sechziger Jahre wurde in den Aufnahmebögen unserer Klinik danach gefragt, ob das Kind auch wirklich ein eigenes Bett hat. Bis zum Eintritt in das Schulalter mußte manches Kind das Bett mit einem Geschwister teilen oder im Bett der Eltern im Gräbchen schlafen. Auf diese Weise wurde es ausreichend mit Nestwärme gesättigt. Wie beneideten die Kinder dieser Zeit ihre älteren Geschwister um das eigene Bett, und wie freuten sie sich dann auf ihr eigenes!

Die Situation ist heute – gottlob! – eine grundsätzlich andere. Heute muß sich das Kind nicht im Nest aufhalten. Es kann! Die nicht mehr durch traditionelle Regeln gebundene Hingabe seiner Eltern erlaubt ihm durchaus, mit dem Kopf auf dem Bauch der Mutter und mit den Beinen unter der Nase des Vaters fummelnd zu schlafen. Wie soll es da sein eigenes Bett ersehnen und Lust zur Loslösung entfalten? Loslösung entsteht über den Wunsch nach Opposition. Wenn also das Kind heute nicht mehr durch die Umstände gezwungen ist, im Bett der Eltern zu schlafen, so soll es sich wenigstens dafür entscheiden können, das Bett der Eltern zu verlassen. Dies tut es aber aus Überzeugung erst dann, wenn ihm das Nest zu eng geworden ist. Also raten wir Eltern, deren Kind sich nicht aus ihrem Bett lösen kann, etwa folgende Haltung einzunehmen: »Mein liebes Kind, du darfst bei mir bleiben, aber nur auf einem angewiesenen Plätzchen.« Ist das Kind noch nicht soweit, daß es sich aus diesem unbequemen Nest lösen kann, braucht es die körperliche Nähe der Mutter noch eine Zeit. Wenn nicht, dann ist es notwendig, daß es sich selber für sein bequemeres Bett entscheidet!
Es gibt Kinder, die zunächst problemlos im eigenen Bett schliefen, die dann aber mit vier bis sechs Jahren plötzlich wieder ins Elternbett krabbeln. Die Ursache dafür ist die in dieser Entwicklungsstufe besonders lebendige Phantasie. Das Kind verfügt noch nicht über ein zuverlässiges Verständnis für logische Zusammenhänge, um seine Phantasievorstellungen einordnen zu können. Es neigt dazu, die Grenze zwischen Wirklichkeit und Traum, zwischen Lüge und Wahrheit zu verwischen. Die Schatten bekommen in der Nacht gespenstische Ausmaße. Da lauert der Räuber Hotzenplotz hinter dem Schrank, und falls der Wolf jetzt erscheinen würde, findet man doch keine Wanduhr, um sich dort nach dem Vorbild des kleinsten Zickleins zu verstekken. Man hätte allenfalls den Fernsehkasten als Versteck, aber dort hockt mit aller Wahrscheinlichkeit ein pistolenbewaffneter Gangster oder Terrorist. Übermächtigen Ängsten ausgeliefert schlüpft das Kindergartenkind ins Bett der Eltern.

Mit diesem Kind muß man anders umgehen als mit dem Kleinkind. Zum einen müßte es schon so weit sein, daß es sich in die aus dem Schlaf geweckten Eltern einfühlt, und zum zweiten müßte es allmählich lernen, sich den Ängsten zu stellen. Diesem Kind könnte man aber helfen, wenn der Vater zum Beispiel sagt: »Am liebsten würde ich weiterschlafen, denn ich habe morgen einen schweren Tag vor mir. Aber ich merke, du hast große Angst und brauchst mich, also komm zu mir in mein Häuschen. Ich werde dich den Gespenstern nicht preisgeben«, und dann sollte der Vater sein Kind ganz dicht zu sich nehmen, so daß alle Gliedmaßen gut versteckt sind und kein Gespenst herankommen kann. Wenn das Kind tatsächlich so große Angst hat, wird es Nähe und Enge gerne ertragen. Wenn aber die Angst nicht so groß ist und das Kind das enge Nest nicht braucht, dann darf und soll es sich selber entscheiden, wieder in sein Bett zurückzugehen, um hier noch mit den letzten Gespenstern zu verhandeln.

Das sicherste Vorbeugen vor Schlafstörungen fußt im Einführen von festen Regeln und Ritualen. Ein Beispiel soll für viele stehen: Nach dem Abendbrot setzen sich die Eltern mit ihren Kindern noch zusammen, um gemeinsam zu besprechen, wie der Tag war, was man Gutes erlebte und worauf man sich morgen freuen kann. Dann liest der Vater eine Geschichte vor, über die man noch miteinander redet. Unverstandenes kann man den Kindern erklären, eventuell auftretende Ängste können aufgefangen werden. Für das Kind ist es schonender, neue aufregende Geschichten vor dem »Ins-Bett-Gehen« zu hören und nicht unmittelbar vor dem Einschlafen. Zum Einschlafen braucht das Kind etwas wiederkehrend Bekanntes. Keine neue Erfahrung, keine ungelöste Akte XY, keine Überraschung. (Denken Sie an sich selber, wenn Sie im Bett einen spannenden Krimi lesen, können Sie dann gut einschlafen?)

Erst nach der abendlichen Familienrunde gehen die Kinder ins Bad, um den Tag »abzuwaschen« und die Nacht vorzubereiten, ziehen sich die Schlafanzüge an und schwups ins Bett. Nach einem bekannten Gebet, einem Lied oder einem Kuß dann gleich in die Position, in der man am liebsten einschläft (zum Beispiel auf dem gefalteten Kissenzipfel, zugedeckt bis zur Schulterhöhe, das Teddybärchen im linken Arm), Lampe aus und Augen zu, und dann wird noch einmal eine Geschichte erzählt, immer die gleiche, Abend für Abend eine Geschichte, die monoton, gemütlich, ohne Höhepunkte vor sich hin geht. Kennen Sie eine solche? Eine solche könnte sein: »Ein Hirte ging abends mit seinen Schäflein nach Hause, und da kamen sie zu einer Brücke, die über einen Bach führte. Es kam das erste Schaf über die Brücke... und das zweite Schaf über die Brücke und das dritte...« Wenn Sie bei dem zehnten Schäflein sind, können Sie dem Kind noch einen leichten Kuß auf die Stirn geben... und bei dem fünfzehnten Schaf schläft es wahrscheinlich schon tief und fest. Es ist schon über die Brücke gegangen, und von der führt der Weg erst morgen mit der Sonne wieder zurück. Ja, es ist für das Kind wichtig, daß nach dem Einschlafen keine andere Aktion mehr erfolgt. Kein Aufstehen mehr, kein Nachtwächter-Rundgang, kein Trinken und kein Toilettengang mehr, kein Hineinschlüpfen ins Wohnzimmer und unauffälliges Ankuscheln an den Papa, um nochmals kurz fernsehen zu können. Dies müßte ein Tabu sein – ohne Ausnahme. So kann sich das Kind auf seinen Schlaf und unbeschwerte Träume verlassen.

Mein Kind ist aggressiv

Mit dem Hinweis, unser Kind ist aggressiv, flehen Eltern um einen dringenden Termin. Grausame Zukunftsbilder tauchen in der Vorstellung der besorgten Eltern auf: Der Jugendliche im schwarzen Lederanzug mit Totenkopf auf dem Rücken auf seinem schweren Motorrad, die Massenmörderin in einem Altenheim, der gejagte Terrorist. Das erste, was wir die Eltern fragen, ist: Was ist an der Aggression des Kindes Böses? Und das Ergebnis der Nachforschung ist meist überraschend. Meist steckt das Böse in den Befürchtungen der Eltern, nicht aber im Kind. Zum Teil sind die Befürchtungen begründet: Nie war soviel Aggressionslust beim Spielen zu beobachten wie heute. Zielloses und nicht in eine Spielhandlung eingebundenes Herumgeballere mit Spielzeugpistolen, begleitet von Ausrufen: »Bist tot, bist tot!«, während die Kinder früher doch immerhin in die Rolle eines Indianers oder eines anderen Vorbilds schlüpften und es ihnen im Spiel um den Kampf zwischen dem Bösen und dem Guten ging. Die Welle der sinnlosen Aggressivität gegen Mensch, Tier und Gegenstände hat ein erschrekkendes Ausmaß angenommen.

Zweifellos tragen die Massenmedien dazu bei. Die Vorbilder der skrupellosen Bösewichter des Fernsehens stecken an. Während früher ein Kind von den blutrünstigen Überfällen des wilden Westen erst durch seine eigene Lesetüchtigkeit erfuhr und sie aufgrund seines Alters schon einigermaßen einordnen konnte, stürmen die bildhaft ausgestalteten Kampfhandlungen heutzutage auch auf ein kleines Kind ein, das möglicherweise eben erst anfängt, Bilderbücher zu verstehen. Die kurzatmige, rasche, laute Demonstration der aggressiven Peng-Peng-Macht wirkt ohne jede Logik und kommt einer Berauschung gleich. Das gewalttätige, verzerrte und laute Bild kann am ehesten ertragen werden, wenn man es mit eigenem Krach übertönt.

An dieser Stelle soll nicht untersucht werden, ob die Rechnung tatsächlich stimmt, ob heute tatsächlich mehr Aggression gelebt wird als früher. Es gab schon immer Prügeleien unter Kindern, und es gab schon immer Kriege. In aller Vorsicht möchten wir aber den Eindruck äußern, daß die früher gelebte Aggression doch eine andere Qualität hatte. Sie richtete sich mehr auf das Austragen von Konflikten und hatte einen konkreten Anlaß: »Weil du mich verpetzt hast, deshalb...« Sie war eher in ein Gerechtigkeitsempfinden eingebunden und stand nicht isoliert im Lebensraum. Bei der heute gelebten Aggression fehlt dagegen die Einbettung in die Grundwerte. Sie ordnet sich nicht den Gegensätzen Böse und Gut, Haß und Liebe unter.
Es gehört zur Illusion pädagogischen Geschicks, das Kind rechtzeitig abzulenken, damit es sich nicht ärgern muß. Andererseits neigt die heutige Gesellschaft dazu, den zerstörerischen Pol einseitig, ohne die Verwandlung in den lebensbejahenden Pol, darzustellen (vgl. dazu S. 52). Das Fernsehen demonstriert jeden Tag Bruchstücke unerlöster Aggression, in dem es Kriegsszenen in der Tagesschau und gewalttätige Handlungen in comicartigen Zeichentrickfilmen zeigt.
Untersuchen wir das Phänomen der Aggression genauer: Aggression als solche ist wertfrei. Wie alles auf der Welt hat auch sie ihre zwei Seiten. Einerseits gibt es tatsächlich die zerstörende, vernichtende, von Haß besetzte Aggression. Andererseits stellt Aggression auch eine verteidigende, zur Durchsetzung neuer Lösung drängende Kraft dar, die durchaus von Liebe getragen werden kann. Nur wenn die Aggression ihre zerstörerische Macht behält, ist sie das Böse schlechthin. Wenn der Haß zugelassen wird, um einen Konflikt offen auszutragen und zu bereinigen und eine Versöhnung zu bewirken, wenn diese Wandlung vollzogen werden kann, dann ist Aggression gut. Als solche ist sie eine lebenswichtige, lebensstiftende Kraft!
Aggression muß also nicht unterdrückt werden, sie muß sogar gelebt werden. Allerdings sind bestimmte Voraussetzungen zu erfüllen. Der Haß, der das Liebesverhältnis immer wieder in

eine Haß-Liebe treibt, kann zugelassen werden. Er soll offen ausgedrückt werden, damit der Partner weiß, wie sich sein Gegenüber fühlt. Jedoch sollten die beiden nicht früher voneinander gehen, bevor Haß und Wut nicht ausgedrückt, ausgelebt und in Liebe verwandelt sind. Am ehesten läßt sich der Konflikt durchstehen, wenn sich die beiden berühren, sich an den Armen halten oder noch besser: dicht im Arm. Die Berührung hat nicht nur den Sinn, daß durch den engen Kontakt die Gefühle des anderen »durch die Haut gehend« wahrgenommen werden. Die verbindliche Berührung läßt auch wahrnehmen, daß man miteinander verbunden ist, und sie verhindert, daß sich die Betroffenen verlassen. Dazu neigt jeder, der in einer Wut steckt. Trägt man den Konflikt in der engen Berührung aus, so ist oberstes Gebot, daß körperlich zerstörerische Aggression wie Haarereißen, Schlagen und Treten nicht zulässig ist. Die zerstörerischen Affekte sollen aus der Kehle heraus durch Schreien, Weinen, Schimpfen. Im wahrsten Sinn des Wortes soll sich der Betroffene Luft machen. Bäumt ihn seine Wut auf, so nimmt er die hemmende Berührung wohltuend mit dem ganzen Körper wahr. Die allerwichtigste Regel aber ist, daß sich die Streitenden allmählich gegenseitig ineinander einfühlen und daß der Streit in Versöhnung einmündet. Ein solches Austragen von Konflikten gehört in zivilisierten Kreisen nur noch selten zur Lebensform.

Da der Mensch der Wohlstandsgesellschaft existentiell weniger abhängig ist von seinem Nächsten, kann er ihn auch verlassen, sobald er gegen ihn Haß verspürt. Man flieht auch den, der die Fasson verliert, denn unter der autoritären Erziehung verlernte der Mensch des 19. und 20. Jahrhunderts widerspenstige Gefühle frei zu äußern. Er war darauf angewiesen, die Wut zu schlucken, nicht zu weinen und seine Gefühle zu beherrschen. Da er den zerstörerischen Pol der Gefühle nicht leben durfte, wurde ihm auch das Erlebnis der Liebe geschwächt.

Wie sind Kinder zum Ausleben der Aggressivität im Sinne einer Bereinigung von Konflikten zu führen?

Grundsätzlich müßten sich die Eltern zur Regel machen:

- Die Aggression des Kindes darf nicht durch Prügel oder durch Isolierung bestraft werden. Das angetretene Erbe darf nicht fortgesetzt werden.
- Das Recht, eigenes Unbehagen in voller Wahrhaftigkeit zu äußern, ist gegenseitig. Nicht nur die Eltern dürfen das Kind im Arme halten, um die eigene Wut und die des Kindes in Konflikt kommen zu lassen, sondern auch das Kind hat das Recht, die Eltern anzupacken, um (in Worten!) »seine Galle überlaufen zu lassen und dem anderen ins Gesicht zu spukken«.
- Diese Art des aggressiven Austragens von Konflikten muß dem Kind vorgelebt werden. Wenn die Eltern eine Auseinandersetzung haben, dann sollen sie in Gegenwart des Kindes ihren Streit auf die beschriebene Weise austragen und sich erst wieder trennen, wenn sie sich versöhnen können. Keine Angst, dadurch schaden Sie Ihrem Kinde nicht. Es bekommt ja die ehelichen Spannungen mit seinen feinen Fühlern sowieso mit. Selten ist es aber Zeuge der elterlichen Versöhnung.
- Bei dem Austragen des Konfliktes darf nur die Kehle zum Ausdrücken der Aggression benutzt werden, das heißt man darf schreien, weinen, schimpfen, anklagen, aber nicht beißen und nicht schlagen.
- Der Streit muß mit der Versöhnung enden.

Das Bedürfnis, Aggressionen möglichst gleich auszuleben, ist nicht immer möglich und auch nicht immer wünschenswert. Die Gründe hierfür können unterschiedlicher Art sein. Einmal ist es vielleicht Zeitmangel, ein anderes Mal sind Menschen dabei, die die Sache wirklich nichts angeht, und vielleicht kommt diese Form des Konfliktaustragens bei manchen Menschen wirklich nicht in Frage.
So kann das Schulkind seine Lehrerin nicht am Arme packen und sie anschreien, und der Erwachsene kann dies bei seinem

Chef auch nicht tun. Diese Art der Konfliktaustragung setzt voraus, daß ich mich grundsätzlich in mein Gegenüber einfühlen kann. Kann ich ihm das Zanken *jetzt* überhaupt zumuten? Vielleicht kann ich es jetzt nicht tun, weil du Zahnschmerzen hast, etwas Wichtiges zu erledigen oder eigene Sorgen...
Das Kind muß auch lernen, mit seinen Enttäuschungen allein zurechtzukommen. Es soll seine Eigenständigkeit erleben, indem es seine Enttäuschung alleine aushalten und innere Konflikte austragen kann. Auch das Ausleben der Aggressivität hat zwei Seiten: Mal kann ich es mit dem anderen, mal muß ich es alleine tun, nur verdrängen darf man die Aggressivität nicht.
Der Umgang mit den aggressiven Affekten muß mit dem Kind von klein auf eingeübt werden: Bis zum beginnenden Erwachen des Ich- Bewußtseins (etwa mit 18 Monaten) ist das Kind noch nicht imstande, seine Wut unbeschadet alleine auszuhalten.
Es ist dem Kind aber auch schädlich, wenn man es durch Ablenkung am offenen Ausdruck seiner Gefühle hindert. Genauso ist es für das kleine Kind schädlich, wenn die Eltern seinen aggressiv geäußerten Wunsch erfüllen oder ein Verbot zurücknehmen, gegen das sich das Kind aggressiv aufbäumt. Das Verbot muß weiterhin Gültigkeit haben, aber das Kind darf seinen Ärger und seine Wut im Arm der Eltern abreagieren.
Im Grunde gilt diese Regel auch für das Kind in der Trotzphase. Das Kind dieses Alters müßte eigentlich einen Freibrief für seine Aggressionsbereitschaft bekommen, denn diese Lebensphase ist besonders sensibel für das Entfalten der Durchsetzungskraft. In diesem Alter fängt das Kind auch an, zwischen »ich« und »du«, »mein« und »dein« zu trennen. Es muß auf vielfältige Weise Erfahrungen mit seiner Selbständigkeit und Loslösung machen. Es muß Enttäuschungen ertragen lernen. Deswegen sollte man es nicht jedes Mal in den Arm nehmen, damit es sich ausschreien kann. Es soll jetzt mit seiner Wut selber ringen, indem es mit den Füßen stampfen oder sich am Boden wälzen darf, wenn es sein »Nein« hinausschreit. Es muß wissen, daß es sich die Wut erlauben

darf. Dies registriert das Kind dadurch, daß es von der Mutter nicht verlassen wird. Sie bleibt in seiner Nähe und nimmt aktiv Anteil an seinem Leiden. »So sehr mußt du dich ärgern, schrei dich nur richtig aus. Es wird wieder gut sein.« Erst wenn man bemerkt, daß sich das Kind so sehr in seinen Wutanfall hineingesteigert hat, daß es alleine nicht mehr zur Ruhe kommen kann, soll es den gewohnten Halt im Arm erfahren. In jedem Fall *muß* das Kind die frontale Umarmung erfahren, wenn es Haß gegen die Mutter hat. Dieser Haß muß durch direkte Auseinandersetzung behoben werden, damit die Liebe wieder strömen kann.

Das Verständnis für die Vielfalt der Zusammenhänge wächst zunehmend. Jetzt macht das Kind auch vielfältige Erfahrungen im Umgang mit Menschen und lernt, daß man nicht mit jedem gleich umgeht, daß Ort und Situation mitbestimmen, wie man miteinander umgeht. Es lernt, daß es Regeln gibt, die aber nicht schematisch angewandt werden können, und es kann schon so weit kombinieren, daß es neue Lösungen finden kann.

Zu Hause ist der erstgeborene Markus noch der König. Er ist es aber nicht mehr im Kindergarten, wo es durchsetzungsfähigere Kinder gibt, und er ist es auch nicht auf dem Spielplatz, wo auch Schulkinder spielen. Von einigen Kindern wird er angegriffen, und er muß sich wehren. Andere Kinder müßte er verteidigen, ähnlich wie er es für sein Schwesterchen tut, weil sie jünger und schwächer ist.

Ab dem Kindergartenalter muß das Kind lernen, mit seiner Aggressivität differenzierter umzugehen. Es kann dies spielerisch über die sogenannten Aggressionsspiele wie »Fangen« oder »Räuber und Gendarm«... Aber auch körperliche Arbeiten, etwa die Mithilfe im Garten, sind eine Möglichkeit, Aggressionen abzureagieren.

Beim Austragen der Konflikte sind dem Kind folgende Regeln beizubringen:

– Vertraute Menschen, zum Beispiel einen Freund, darf ich in den Arm nehmen, wie ich es von meiner Familie her kenne.

- Bei körperlicher Aggression darf ich nie Waffen benutzen, und ich darf meinen Gegner auch nie an empfindlichen Stellen (Augen, Schienbein, Genitalien) traktieren.
- Es ist unfair, schwächere Kinder (jüngere, kranke, behinderte) zu piesacken oder gar zu schlagen. Ich darf und muß sie verteidigen und schützen wie mich selbst, gegebenenfalls darf ich auf den Angreifer aggressiv eingehen.
- Körperliche Aggression darf ich bei Abwehr benutzen, nie aber zum Angriff.
- Wenn ich jemandem einen Schaden zufüge, muß ich es wieder gut machen. Wenn ich beispielsweise einen alten Herrn im Park bei meinem wilden Herumrennen anstoße und erschrecke, dann entschuldige ich mich. Wenn ich einem anderen Kind den Luftballon platzen lasse, dann gebe ich ihm meinen.
- Im Grunde will ich keine Feinde. Ich wäre froh, wenn alle Menschen meine Freunde wären.

Es geht auch ohne Klaps

Kann man überhaupt ohne Klaps erziehen?
Die meisten Eltern bezweifeln es, und zwar deshalb, weil ihnen oftmals die Kraft ausgegangen war und sie glaubten, keine andere Wahl als den Klaps gehabt zu haben. Für ihr Handeln holen sie sich Berechtigung und Beruhigung durch die Tatsache, daß auch sie den Klaps ihrer Eltern erlitten und überlebt haben. »Wen der Herr lieb hat, den züchtigt er!« ist ihnen noch im Ohr.
Die Eltern räumen ein, daß es beim älteren Kind durchaus ohne Klaps gehen könnte, denn mit ihm kann man reden, es kann die Begründung verstehen, aber das kleine Kind, das noch nicht oder nur wenig spricht und mit Begründungen noch nicht umgehen kann, das braucht den Klaps als ein Zeichen!
Es stimmt, daß das kleine Kind Zeichen braucht, denn es läßt sich durch seine Vorbilder verführen. In seiner Bereitschaft, genauso groß zu sein wie der Papa, will es beispielsweise das Taschenmesser wie der Papa aufklappen oder es möchte genauso wie die Mama im Fensterrahmen stehend die Fenster putzen und hinausschauen. Es will den Fernseher bedienen und auch den Elektroherd. Es will tun, was es viele Male gesehen hat, ohne aber schon die Folgen seines Tuns abschätzen zu können. Wenn das Kind die zu seinem Schutze klar ausgesprochene Regel »nein« nicht respektieren kann und sein Taten- und Erforschungsdrang größer ist als die Hemmnisse, dann braucht es tatsächlich ein ihm verständliches Zeichen! Aber welches? Den Klaps? Was ist überhaupt ein Klaps? Der Klaps ist immerhin ein Schlag! Ein Klaps ist Abwehr, ein Wegstoßen. In jedem Fall wird er als schmerzhaft erlebt. Obwohl der Erwachsene denkt, es war nur ein leichter Schlag – eben ein Klaps und noch lange keine körperliche Züchtigung! Den Schmerz empfindet vor allem die Seele. Und weil das Kind ganzheitlich wahrnimmt,

wirkt der seelische Schmerz auch auf die körperliche Empfindung. Dem Erwachsenen geht es nicht viel anders, wenn er in strafender Absicht einen Klaps bekommt. In einer solchen Situation empfindet der Erwachsene noch wie das Kind auf der magischen Stufe.

Der Klaps kann also nicht das Zeichen sein. Auch deshalb nicht, weil er eine einseitige Interaktion darstellt. Das Kind darf den Klaps nämlich nicht zurückgeben, obgleich wir in unserer Sprechstunde doch immer wieder und immer häufiger beobachten, daß die Kinder den Klaps an die Eltern zurückgeben. Wenn die Mutter beispielsweise das Kind davon abhalten will, an die Steckdose zu gehen, und sie ihm nach mehrmaligem »nein, nein« schließlich doch einen Klaps auf den Popo gibt, dann gibt das Kind häufig den Klaps zurück. Die Mutter gibt ihm daraufhin auch einen Klaps auf die Hand, der aber schon heftiger ist, auch diesen gibt das Kind zurück, und so steigert sich vor unseren Augen oftmals der Kampf. Auf beiden Seiten schaukeln sich die Aggressionen hoch. Das Kind wird dabei immer unruhiger und aufsässiger, die Mutter immer ohnmächtiger und auch beschämter. Tatsächlich wird aus dem harmlosen Klaps dann am Ende ein richtiges Schlagen! Weniger in der akuten Situation als vielmehr über die Jahre! Mit zunehmendem Selbstwertgefühl fühlt sich das Kind dadurch immer gedemütigter und Rachegedanken können in ihm aufsteigen: »Warte nur, wenn ich noch größer bin, werde ich es dir zeigen!« Und das Kind zeigt es einmal!

Also, der Klaps kann es wirklich nicht sein. Aber welches Zeichen kann es für das Kleinkind sein? Das Zeichen Ihrer konsequenten Haltung. Ihr Kind muß sich von klein auf darauf verlassen können, daß Sie die Verbote auch wirklich als Verbote meinen und niemals eine Ausnahme machen. Ein »Nein« muß immer ein »Nein« sein und darf nie in ein »Ja« oder »Jein« übergehen, weil sie – müde wie Sie sind – das Kind los sein und in aller Ruhe Illustrierte lesen wollen oder weil soeben die Oma zu Besuch gekommen ist, die sowieso alles erlaubt. Ihr

konsequentes »Nein« soll Ihrem Kind zwar Verbot bedeuten, aber nicht unbedingt zugleich ein Androhen von Strafe. Es soll ihm vielmehr eine Hilfe sein, die Grenzen des Raumes zu erkennen, in dem es sich frei bewegen kann. Der Vergleich in der Erwachsenenwelt wäre der Straßenverkehr mit seinen festen Regeln, Geboten und Verboten. Es ist mir verboten, in der Stadt schneller als 50 Stundenkilometer zu fahren, es ist mir aber unbenommen, jede niedrigere Geschwindigkeit zu fahren. Um mich im Straßenverkehr sicher zu fühlen, muß ich voraussetzen können, daß auch der andere die gleichen Regeln einhält wie ich. Wenn ich zum Beispiel davon ausgehen kann, daß alle von links kommenden Fahrer meine Vorfahrt von rechts beachten, kann ich sicher in die Kreuzung einfahren! Kann ich einsehen, daß die Regeln begründet sind, kann ich bei ihrer Übertretung auch die Buße annehmen. Allerdings ist in der Straßenverkehrsordnung für mich nicht alles logisch begründet: Warum die Höchstgeschwindigkeit von 30 Stundenkilometer an einer breiten, übersichtlichen Straße an der Peripherie einer Großstadt? Warum Vorfahrt von rechts und nicht von links?
An dieser Grundsatzphilosophie scheiterte ein uns bekannter, dreifacher Doktor, als er seinen Führerschein erwerben wollte. Er blieb an der Kreuzung stehen und wollte mit dem Fahrlehrer über dieses Faktum diskutieren. Jeder Fahrlehrer schmiß ihn wegen seiner Verkehrsunfähigkeit raus!
Halten wir fest: Wichtig für Ihr Kind ist, daß es sich auf das »Nein« unter allen Umständen verlassen kann. Es muß aber auch wissen, daß es andere Möglichkeiten hat, seinem Taten- und Forscherdrang nachzukommen. Statt allein auf die Fensterbank zu klettern, darf es auf den Schultern des Vaters sitzen, damit es unter seinem Schutz besser aus dem Fenster sehen kann!
Kann das Kind das klare »Nein« nicht respektieren, so braucht es ein weiteres Zeichen, das seine Warnehmung steigert. Es braucht Berührung. Das »Nein« wird nicht nur sprachlich, sondern auch über die Körpersprache ausgedrückt! In der konkreten

Situation heißt dies: Wenn das Kind zum dritten Mal auf die Fensterbank will, obwohl ich ihm schon zweimal ein eindeutiges »Nein« vermittelte, dann nehme ich das Kind, mein »Nein« deutlich wiederholend, an der Schulter, rüttle es und hole es von der Fensterbank herunter in der Hoffnung, daß es nun wirklich verstanden hat, und behalte es noch eine Weile im Arme.

Kinder ohne Sitzfleisch

Die Zahl der unruhigen Kinder nimmt immer mehr zu, nicht nur in Kindergarten und Schule. Bereits Eltern von Kleinstkindern klagen über die Unruhe. Inzwischen liegen auch zahlreiche Veröffentlichungen zum Thema des hyperaktiven, hypermotorischen beziehungsweise hyperkinetischen Kindes vor.

Den Lehrern entstehen durch die zunehmende Unruhe der Kinder so große Probleme bei der Gestaltung des Unterrichts, daß sie Konferenzen und Tagungen einberufen zu Themen wie »Veränderte Kinder?«, »Veränderte Kindheit?«, »Notwendigkeit einer veränderten Schule?« Viele Kinderärzte versuchen durch die Verordnung von Psychopharmaka Abhilfe zu schaffen. Eltern werden meist erst dann für das Problem wachgerüttelt, wenn ihr Kind sich nicht altersgemäß verhält und sie von außen darauf hingewiesen werden. Im Kindergarten kann das Kind nicht ausdauernd spielen. Es beteiligt sich nicht an den Gruppenaktivitäten, kann nicht warten, bis es an die Reihe kommt, kann sich nicht in ein ausgiebiges Rollenspiel mit anderen Kindern vertiefen und nimmt distanz- und ziellos Gegenstände, ohne sie zu benutzen. Bei Bastelarbeiten erlahmt das Interesse plötzlich, und das Kind fängt mit etwas anderem an.

In der Schule bleiben die Kinder nicht auf dem Platz sitzen, so wie es der Unterricht verlangen würde. Ohne es zu bemerken, springen sie beim Schreiben oder Malen auf, arbeiten im Stehen oder unterbrechen ganz und springen im Klassenzimmer umher. Sie können nicht aufpassen und auch Aufforderungen nicht Folge leisten. So kann sich der Lehrer heute nicht mehr darauf verlassen, daß alle seine Kinder das Lesebuch herausnehmen, wenn er es sagt. Viele Kinder fühlen sich nämlich nicht als Mitglied einer Gruppe, wie es eigentlich der Schulreife entspräche, und ebensowenig kann sich der Lehrer darauf verlassen, daß die Kinder mitbekommen haben, welche Hausaufgaben er von ihnen erwartet. Anstatt sich auf den Unterricht zu konzentrieren, sind die Kinder damit beschäftigt, auf ihrem Stuhl unruhig hin und her zu rutschen und ziellos nach allem zu greifen, was in Reichweite ist.

Auf der Suche nach der Ursache fragen wir die Eltern immer: »Wann fing es eigentlich an?« und stellen fest, daß es eine extreme Ausnahme ist, wenn das Kind schon von Geburt an unruhig ist. Selbstverständlich kann man in diesen Fällen eine angeborene Schwächung der Steuerungsfunktionen annehmen – etwa eine durch Geburtsschädigung entstandene Hirnfunktionsstörung. Man erkennt später die organisch bedingte Art der Unruhe daran, daß das Kind selbst bei Tätigkeiten, die es mit Freude ausführt, nicht durchhalten kann. In diesen Fällen müßte man von einem »hyperkinetischen Syndrom« sprechen.

Aber bei den allermeisten Kindern fällt die auffallende Unruhe erst sehr viel später auf: »Als das Kind anfing zu krabbeln«, »als das Kind anfing zu laufen«, das heißt also in der zweiten Hälfte des ersten Lebensjahres. Es sind uns aber auch Unruhezustände bekannt, die aufbrachen, weil das Kind auf bestimmte Nahrungsmittel allergisch reagierte. Wir hören auch, daß die Kinder erst mit drei, fünf, sechs oder sieben Jahren unruhig geworden sind. Diese in unserer Sprechstunde gemachten Beobachtungen lassen darauf schließen, daß für die Unruhe der Kinder mehrere Ursachen in Frage kommen, die häufiger erworbener als angeborener Art sind. Wir gehen deshalb davon aus, daß nicht etwa veränderte Kinder in die Welt geboren werden, sondern daß sich vielmehr für die Kinder die Bedingungen in ihrer Umwelt verändert haben.

Wenn wir nachforschen, was zu der Zeit geschah, als die Unruhe begann, stellen wir beispielsweise fest, daß die Familie umgezogen war oder daß das Kind zu einer Pflegemutter kam, weil die Mutter ihre Berufstätigkeit wieder aufnehmen wollte, daß die Eltern sich trennten oder scheiden ließen, daß ein neues Geschwisterchen in die Familie gekommen war und das Kind deshalb vorzeitig in den Kindergarten gegeben wurde usw.

Manchmal ist die Ursache auch verborgener. So begann die Unruhe erst, als das Kind sich mit Nachbarskindern befreundete, die Zugang zu den von ihren Eltern gespeicherten Videokassetten mit Gangsterfilmen hatten. Oder wenn ein Erstgeborener, der alles kann und weiß, erlebt, daß er in der zweiten Klasse zu den schwächeren Schülern gehört, und sein Gefühl des Angenommenseins zusammenbricht. Manches Kind wird in der Zeit, in der sein Vater schwer erkrankt, ein geliebter Verwandter stirbt oder bei einem Geschwisterchen eine Behinderung festgestellt wird, unruhig.
Seelische Probleme waren von jeher eine Ursache für die Unruhe beim Kind, aber auch beim Erwachsenen. Wenn man von Trauer und Sorge getrieben ist und man sich in seiner Not nicht gehalten fühlen kann, nicht von Gott und nicht von der Welt, kann keiner in sich selber ruhen!
Seelische Probleme gab es schon immer, gibt es auch heute und wird es auch morgen geben. Nur heute wiegen sie deshalb so schwer, weil sich die Strukturen, an denen sich das Kind zu ihrer Überwindung orientieren und halten könnte, immer mehr auflösen. Es gibt immer mehr Scheidungen, das Kind hat im Rahmen der Klein- und Kleinstfamilie immer weniger Bezugspersonen, so daß der Verlust einer einzigen von ihm viel härter erlebt wird. Die Einzelkindsituation bietet ihm nicht die Möglichkeit, rechtzeitig Gruppenverhalten einzuüben, so daß es unerfahren in der Verarbeitung von Auseinandersetzungen und Enttäuschungen in den Kindergarten oder in die Schule kommt. Der Sprung vom behüteten Kind im Nest in die Gruppe ist ihm zu groß.
Suchen wir nach dem Gemeinsamen in der Geschichte der unruhigen Kinder, so stellen wir fest, daß die Unruhe immer dann sichtbar wird, wenn das Kind ungenügend geschützt und nicht ausreichend vorbereitet aus dem Nest tritt, wodurch es offenbar in übermäßigen Streß gerät.
Das ist beispielsweise auch das Schicksal der frühgeborenen Kinder. Zur Entwicklung der ausgeglichenen Bewegungssteue-

rung gehört nämlich, daß in den letzten Monaten vor der Geburt dem Kind durch die wachsende Enge im Mutterleib sein überschüssiger Bewegungsantrieb gehemmt wird. Das geht so weit, daß es seine Körperlage nicht mehr viel verändern kann. Um so deutlicher aber spürt das Kind die wiederkehrenden, stets vorausspürbaren ordnenden Mitbewegungen mit der Mutter. Wenn das Kind auf die Welt kommt, braucht es die schützende beruhigende Hülle noch einige Zeit, mindestens die ersten drei Monate, und später immer dann, wenn es zur Ruhe kommen soll. Wenn die Strampelbewegungen des Kindes in die Leere gehen, ist es für das Kind unbefriedigend. Es sucht den grenzgebenden Halt, um sich selbst in seiner Leiblichkeit wahrnehmen zu können.

Deshalb ist es wichtig, in den ersten Wochen und Monaten das Kind gut zu wickeln. Es darf nur selten frei strampeln. Erst wenn es zu greifen beginnt und damit zeigt, daß es seine Bewegungen einigermaßen selbst steuern kann, ist es an der Zeit, ihm die »Bewegungsfreiheit« allmählich zu geben. So mancher unruhige Säugling ist nur deshalb unruhig, weil er zu früh aus den Hüllen entlassen wurde.

Das frühgeborene Kind, das die Enge, aber auch die ordnenden Mitbewegungen im Mutterleib nicht erfahren konnte, muß diese Grunderfahrung nachholen können. Es empfiehlt sich dringend, es im Tragetuch eng am Leib der Mutter zu tragen.

Viele Kinder werden im Laufe des zweiten Lebenshalbjahres unruhig. In dieser Zeit beginnt das gesunde Kind, aus eigenem Antrieb das Nest zu verlassen, um neugierig die Welt zu erforschen. Das ist auch die Entwicklungsstufe, auf der es die ersten Ansätze erwirbt, Ursache und Wirkung im eigenen Denken zu verknüpfen. Es fängt an zu handeln, um bestimmte, schon vertraute und daher auch erwartete Erlebnisse zu bewirken. Es wirft zum Beispiel den von der Mama gebauten Klötzchenturm um, um den Krach und das »oh« von der Mama zu hören oder um zu bewirken, daß die Mama den Turm nochmals aufbaut. Krabbelnd erforscht es die Wohnung. Dabei begegnen ihm Teppiche und Sitzkissen, Stuhlbeine, Klötze, ein heruntergefallener Blumentopf, eine Gabel und die offene Balkontür! Das Kind auf dieser Stufe braucht allerdings noch weitgehend den Beschützer, der ihm die Vielfalt der auf es einströmenden Reize filtert und ordnet, es vor manchem schützt und abschirmt und anderes ausgiebig erleben läßt.

Dabei ist nicht die Menge der neuen Erfahrungen wichtig, sondern vielmehr deren Bedeutung für das Kind. Wenn die Mutter den Tatendrang ihres Kindes nachspürt, vermittelt sie ihm, »ich verstehe dich, ich helfe dir, ich mache mit«. Sie verführt das Kind, zu den Klötzchen zurückzukehren. Sie setzt sich zu ihm auf den Boden und zeigt ihm, wie man einen Klötzchenturm baut. Sie begleitet mit schlichten Worten, was sie tut (»So ein großer Turm«), läßt zu, daß das Kind den Turm berührt und umwirft. Sie freut sich mit ihm an dem Krach und beginnt mit dem Spiel von neuem. Und weil sie mit ihrem Kind verbunden ist, spürt sie nach einer Weile auch, daß es zu neuen Taten drängt. Deshalb bietet sie ihm eine neue Erfahrung mit den Klötzchen an. Sie führt ihm die Hand und vermittelt so ihrem Kind das grandiose Erlebnis, den Turm selbst gebaut zu haben!

In dieser Zeit der erwachenden Neugier erfahren viele Kinder leider zu wenig steuernden Schutz durch ihre Eltern. Sie beherzigen die Empfehlung, ein Kind dürfe man in seinem Bewegungsdrang nicht hemmen. Unter dieser Voraussetzung könnte unsere Geschichte vom Turmbau dann etwa folgenden Verlauf nehmen:

Das Kind krabbelt durch die Wohnung und wieder begegnen ihm Teppiche und Sitzkissen, Stuhlbeine, Klötze, ein heruntergefallener Blumentopf, eine Gabel und die offene Balkontür. Die Mutter versucht, das Kind zu verführen und baut ihm einen Turm. Das Kind wirft ihn um und möchte weg. Die Mutter versucht es noch einmal und baut den Turm wieder auf. Gefesselt durch die wiederkehrende Handlung und seine eigene Wirksamkeit, bleibt das Kind für dieses Mal und auch für ein drittes Mal bei der Mutter, denn es freut sich, daß seine Erwartungen

eintreffen (Kinder in dieser Entwicklungsstufe holen sich Zufriedenheit und Sicherheit nämlich aus den immer wiederkehrenden Handlungsschemata). Nach einer Weile hat das Kind aber keine Lust mehr. Es stößt die Mutter weg, als diese mit ihm zusammen einen neuen Turm bauen möchte. Weil sie ihr Kind nicht hemmen will, läßt die Mutter dies zu. Da sie bereit ist, ihrem Kind bei der Entdeckung der Welt beizustehen, begleitet sie es auf seinem Weg der Erkundungen und sieht nun, wie es sich an dem heruntergefallenen Blumentopf zu schaffen macht. Wieder mag sie es (durch Berühren) nicht hemmen. Daher räumt sie rasch die Scherben des Blumentopfs weg, sagt »nein, nein« und versucht, die Aufmerksamkeit des Kindes abzulenken. Aber das Kind ist unzufrieden und schreit, deshalb gibt sie ihm die Flasche. Das Kind macht unlustig nur einen Schluck (weil es keinen Durst hat) und krabbelt noch immer unzufrieden weiter. Es lupft die Teppiche, nimmt die Gabel. Die Mama sagt »nein, nein« und nimmt ihm die Gabel weg. Das Kind schreit, die Mama versucht es hochzunehmen, um es jetzt ohne Flasche zu trösten. Aber das Kind wehrt sich, drängt weg und versucht, durch die offene Balkontür zu entwischen. Die Mama sagt wieder »nein, nein«. In diesem Augenblick klingelt das Telefon, die Mutter geht weg und das Kind kann ungestört die Balkontür auf und zu machen.
Warum entwickelt sich die Geschichte im zweiten Fall so unbefriedigend?
Durch ihre Unsicherheit und ihre eigene Hemmung, sich dem Kind aufzudrängen und es zu steuern, zerstört die Mutter im zweiten Beispiel ihrem Kind die Aufmerksamkeit. Durch ihre Haltung vermittelt sie ihm eine Reihe unbefriedigender Erlebnisse, und das Kind muß sich – durch Verbote gereizt – von ihr abgelehnt fühlen. Dazu erlebte es die Mutter als unzuverlässig. Der durchaus positive Taten- und Erforschungsdrang dieses Kindes war von der Mutter nicht ausreichend geordnet und zu einem Erlebnishöhepunkt kanalisiert worden, und so verpuffte die Energie in unruhigen, hektischen Manipulationen. Die Viel-

falt der Erlebnisse verwirrten das Kind, und keine Anregung aus seiner Umgebung konnte von ihm vertieft verarbeitet werden. Es fühlt sich demzufolge einsam und wütend, empfindet die Mutter eher als störend und belästigend und kann jetzt nicht so ohne weiteres ihrem Vorbild folgen.

Die Wiederholung solcher Erlebnisse sind für das Kind in diesem Alter in ihren Auswirkungen verhängnisvoll und tragisch, denn in dieser Zeit entstehen Prägungen von ungeheurer Intensität. Eine solche Prägung könnte sein, daß das Kind beim ersten »nein« sofort alles fallen läßt und nur noch horcht. Dies geschah in der autoritären Erziehung. Zur Prägung des heutigen Kindes gehört, »jeder Bewegungsdrang muß ausgelebt werden«. Wird ihm diese Sicherheit nicht erfüllt, dann gerät das Kind in Panik, und die Folge davon ist Streß. Weil das Kind zu Lasten seines altersentsprechenden Grundbedürfnisses nach Bindung und Geborgenheit vor der Zeit viel mehr Freiheit bekommt, als ihm guttut, wird ihm die Freiheit zum Streß. Streß bedeutet Überforderung und löst körperliche und seelische Alarmbereitschaft aus. Streß heißt alle Fühler ausfahren, in allen Lebensäußerungen nach außen gerichtet sein und nicht in sich ruhen können.

Wie verhängnisvoll sich eine Entwicklung vollziehen kann, wenn das Kind nicht rechtzeitig gesteuert wird, soll die Geschichte von Michael aufzeigen:

Michael, knapp dreieinhalb Jahre alt, Einzelkind, möchte seinen Bewegungsdrang ausleben. Die Mutter, selber zur Artigkeit erzogen, freute sich nämlich, ein »wildes« Kind zu haben, und dem Vater gefiel es, einen richtigen Buben zu haben, der weiß, was er will.

Michael mußte nie am Eßtisch sitzenbleiben. Er wurde von der Mutter oftmals so gefüttert, daß sie hinter ihm herlief und schnell einen Happen in den Mund steckte. Als er selbständig essen konnte, durfte er vom Tisch nehmen, was er wollte, und vom Tisch weggehen, wann er wollte. Da die Eltern ihn auch sonst gewähren ließen, hatte er wenig Gelegenheiten, seinen Trotz auszuleben. In seiner Siedlung waren wenig Kinder, mit denen er hätte spielen können. Deshalb gaben ihn die Eltern frühzeitig in den Kindergarten. Hier verhielt er sich genauso wie zu Hause. Er nahm sich, was er wollte, entriß den Kindern das Spielzeug, aber auch das Vesperbrot und konnte nicht sitzenbleiben, nicht im Singkreis, nicht am Tisch. Den anderen Kindern gefiel das nicht, und sie fühlten sich durch Michael gestört. Sie versuchten, ihn in seine Schranken zu weisen. Das war er nicht gewohnt, und er empfand dies als Kränkung, wehrte und rächte sich und fing an, die anderen Kinder zu ärgern. Deshalb handelte er sich den Tadel der Kindergärtnerin ein. Da brach seine Welt, in der er bis heute der Mittelpunkt war, zusammen. In seiner Ohnmacht und Wut schmiß er mit Stühlen um sich. Das schaffte ihm Befriedigung, weil er nun durch die Versuche der Kindergärtnerin, ihn daran zu hindern, die Bestätigung bekam, daß er doch der Mittelpunkt in seiner magischen Welt ist.

Die Kindergärtnerin riet der Mutter, Michael wieder aus dem Kindergarten herauszunehmen, weil er noch nicht reif genug sei. Der Mutter blieb keine andere Wahl, als dem Ratschlag zu folgen – nur war Michael jetzt auch zu Hause nicht mehr derselbe. Es fehlten ihm das viele Spielzeug und die Kinder, an denen er sich reiben und seine Selbstbehauptung erproben konnte. Es blieb ihm nichts anderes übrig, als sich alles, was ihm nun fehlte, von der Mutter zu holen. Er forderte sie heraus und provozierte. Beständig tat er nun Dinge, die sie ihm nicht erlauben konnte. So wollte er zum Beispiel am Balkongeländer turnen oder machte den Fernseher zur Zielscheibe für den Ball. Wenn die Mutter ihn nun mahnte, schlug er auf sie ein.

Eine Nachbarin, mit der die Mutter sich besprach, sagte: »Ja, das Problem hat meine Schwester auch mit ihrem Sohn. Ihr hat die Kindergärtnerin gesagt, daß das heute viele Kinder haben. ›Hyperaktives Syndrom‹ heißt es. Gehen Sie doch einmal zum Kinderarzt!« So wurde Michael bei uns vorgestellt. Wir haben die vermutete Diagnose nicht bestätigt, denn Michael konnte, wenn er wollte, durchaus stundenlang stillsitzen, etwa dann, wenn er mit seinen Legobausteinen spielte oder vor dem Fernseher. Aus unserer Sicht war Michaels Unruhe dadurch entstanden, daß er nicht rechtzeitig gelernt hatte, seinen Bewegungsdrang selbst zu steuern und sich nach den Gefühlen der anderen zu richten – weder bei Erwachsenen noch bei Kindern. Er war nicht in der Lage, sich anzupassen. Er hatte nicht gelernt, Enttäuschungen zu ertragen, aber auch nicht gesunde Aggressionen auszuleben, die in der Trotzphase zur Entfaltung kommen. Zu der permanenten Unruhe war es bei ihm erst gekommen, als er wegen seiner emotionalen und sozialen Unreife nicht mehr mit sich zufrieden sein konnte.

Zum Glück hatte man bei Michael die Blockierung in seiner Persönlichkeitsentwicklung rechtzeitig erkannt. Es werden uns aber auch häufig Kinder vorgestellt, die erst mit der Einschulung unruhig und aufsässig werden, weil sie sich nicht an die in der Schule geforderten Regeln anpassen können.

Bei den unruhigen Kindern liegt immer, sofern seelische Probleme auszuschließen sind, ein Mangel an Selbststeuerung und Selbstüberwindung vor und demzufolge auch ein Mangel an Konzentration und zielgerichtetem Willen. Die Kinder bleiben in ihrer Persönlichkeitsreifung auf der Stufe des Kleinstkindes stehen, das sich nur lust-orientiert verhält. Im Rahmen ihres magischen Weltbildes sind sie an dem eigenen, im Mittelpunkt stehenden Selbstbild hängengeblieben. Deshalb erwarten sie, daß man sich ihnen anpaßt, denn sie haben zu wenig Möglichkeiten gehabt, einen Willen auszubilden, der ihnen die Anpassung an die Regeln der Außenwelt erlaubt.

Die Fehlentwicklung entsteht durch die Verkehrung der Grundbedürfnisse des Kleinkindes in ihr Gegenteil. Zur ungestörten Persönlichkeitsentwicklung benötigt das kleine Kind vor allen Dingen den Halt und die Einengung in dem ihm Geborgenheit vermittelnden Nest, das es vor unnötigen Reizen abschirmt.

Eigentlich geht der Weg des Kindes von der Einengung zur Freiheit. In der heutigen Zeit aber hat sich der Weg umgekehrt. Das Kind bekommt zunächst grenzenlose Freiheit und geht unvorbereitet in die von Zwängen und Regeln bestimmte Außenwelt und muß sich jetzt unfrei fühlen. Der Mutter des kleinen Michael haben wir empfohlen, Regeln einzuführen. Sie sollte von Michael erwarten, daß er am Tisch sitzenbleibt, selbst dann, wenn ihm das Essen nicht schmeckt, daß er lernt, auf die Erfüllung seiner Wünsche zu warten. Michael sollte auch lernen, die Gefühle und die Bedürfnisse der Eltern wahrzunehmen und zu respektieren. Er sollte Gelegenheit haben zu trotzen und in erlaubter Weise ausgiebig seine Aggressionen ausleben. Um ihn vor entmutigenden Erfahrungen zu beschützen, sollte er noch unter dem Schutz der Eltern mit einem Spielkameraden spielen lernen, bevor er wieder in den Kindergarten geht.

Sauberkeit

Im Terminkalender unserer Sprechstunde steht »Daniel« und dahinter – unfreundlich – »Bettnässer«, als wäre dies sein zweiter Name. Eine Etikette.
Und dann erscheint er – gerade fünf Jahre alt –, ein pausbäckiger, gemütvoller, runder, in sich ruhender Bub. Besorgt ist nur seine Mutter. Innerlich angespannt fürchtet sie schon einige Zeit, bei Daniel könnte eine schreckliche Neurose vorliegen, denn »geistig behindert ist er nicht«, sagte sie. »Ich habe schon alles probiert, um ihn sauber zu bekommen. Auch tagsüber wurde er erst mit drei Jahren sauber, obwohl ich ihn vom ersten Geburtstag an aufs Töpfchen setzte. Vielleicht hätte ich ihn erst zur urologischen Untersuchung anmelden sollen, bevor ich zu Ihnen zur Untersuchung kam.« »Seien Sie froh, daß Sie da sind!« Wir haben der Mutter Kaffee gekocht und sie nach Kräften beruhigt – das Büblein spielte zufrieden in der Ecke – und sie folgendermaßen aufgeklärt:
Bis ins vierte/fünfte Lebensjahr hinein haben viele Kinder noch keine Kontrolle über ihre Blasenfunktion in der Nacht. Manche haben sie auch mit sechs noch nicht, und es ist auch kein Malheur, wenn das Kind bis ins achte oder neunte Lebensjahr hinein gelegentlich nachts einnäßt. Tagsüber erwirbt es schon früher die Kontrolle, weil es die Ausscheidung bewußt, unter Kontrolle seiner Augen, ausführen kann. Leichter ist es für das Kind, die Stuhlentleerung unter seine Willenskontrolle zu bekommen.
Eine Norm für das Sauberwerden gibt es nicht, denn die Steuerung der Ausscheidungsfunktionen reift bei jedem Kind unterschiedlich. Aber jedes Kind entwickelt *gerne* – und ohne dazu gezwungen zu werden – aus eigenem Antrieb diese Steuerung, weil es willentlich so sein will wie die Großen: Es möchte die Wurst machen wie der Papa oder die Mama und das Toiletten-

papier benutzen und genauso im hohen Bogen pinkeln wie der Onkel. Dieses Bedürfnis erwächst ihm auf der Stufe, auf der sein erwachendes »Ich« wie das »Du« sein will. Erst auf dieser Stufe kann das Kind willentlich von sich abgeben. Denn seine Ausscheidung ist sein erstes eigenes Produkt. Ein Geschenk für die Mutter. Das Kind ist stolz darauf, und es will den Erfolg nochmals.

Der größte Teil der Menschheit überläßt es seinen Kindern, die Sauberkeitsentwicklung selbst zu steuern. In Mittel- und Westeuropa sowie in Amerika wurde allerdings die Einhaltung von Sauberkeit, Ordnung und Hygiene so wichtig, daß durch das zu frühe Bedrängen der Kinder, diesen Zwängen gerecht zu werden, die Kinder Neurosen entwickelt haben, die mit übertriebenem Ordnungszwang und Nichthergebenkönnen einhergehen. Der einzige Rat, den wir der Mutter geben konnten, lautete deshalb: »Warten Sie ruhig ab, das kommt von alleine.«

Das Geschenk

Häufig werden wir gefragt: »Unsere Eltern wetteifern miteinander, was sie ihren Enkeln, unseren Kindern schenken. Wie sollen wir uns verhalten?«
»Mein geschiedener Mann – meine geschiedene Frau – überhäuft unser gemeinsames Kind bei den Besuchen, die alle vier Wochen zustandekommen, mit teuren Geschenken. Soll ich es dulden?«
»Ich habe ein Patenkind, dessen Kinderzimmer von Spielsachen überquillt, was kann ich ihm noch schenken, um ihm meine Zuneigung zu zeigen?«
Zunächst einmal: Ein Geschenk sollte niemals selbstverständlich sein, und es sollte immer Anlaß sein, das Gefühl der Dankbarkeit in dem Beschenkten auslösen zu können.
Wenn also ein Kind daran gewöhnt ist, die Gäste seines Elternhauses mit der Erwartung zu begrüßen, daß es von ihnen ein geheimnisvolles, seltsam schön verpacktes Päckchen erhält, dann könnte sich folgendes ereignen:
Die zu Besuch kommende Tante hat sich lange Gedanken gemacht – vielleicht hat sie auch nachgefragt –, was Ännchen oder Jakob Freude machen könnte. Mit Bedacht traf sie ihre Auswahl, und mit Liebe hat sie alles eingepackt: dem Ännchen die Barbie-Puppe mit Frisiersalon und dem Jakob das ferngesteuerte Motorrad. Schon die Mühe, die sie sich gab, Geschenke für die Kinder aufzuspüren, war ein Geschenk, und so freut sie sich auf den Augenblick der Begegnung. Sie malt sich aus, wie ihr Ännchen und Jakob entgegenspringen, wie sie sie in die Arme schließt… Tatsächlich muß sie bei der liebevoll stürmischen Begrüßung, die ihr zuteil ward, die Geschenke weglegen, um der Freude der Kinder gerecht werden zu können. Nun freut sie sich auf die überraschten Gesichter der Kinder, wenn diese ihre Geschenke auspacken – die schönste Anerkennung für ihre

Bemühungen. Es ist wahr, sie hätte auch erwartet, daß die Kinder die Geschenke vorsichtig auspacken – so wie sie selbst als Kind dazu angehalten war –, jedoch ist das nicht so entscheidend. Ungeduld kann sie den Kindern schon zugestehen. Ännchen und Jakob haben kurzen Prozeß gemacht, Papier und Bänder aufgerissen und… kein Leuchten auf ihren Gesichtern, kein Strahlen, nur ein gehauchtes: »Oh danke, wieder eine Barbie-Puppe!« »Noch ein Motorrad…« »Kann man sie umtauschen?«

Das gut gemeinte Geschenk hat hier seinen Sinn gründlich eingebüßt. Es ist zu einer Art Ware geworden. Hierin nur die Auswirkung einer Verwöhnung oder unseres allgemeinen Wohlstands zu sehen, wäre eine Vereinfachung des Problems. Etwas Grundsätzliches scheint hier verletzt zu sein.

Deutlich vermißt man die Empfindung der Dankbarkeit bei den Kindern. Statt sie zu schelten, sollte man fragen, warum können sie, wo sie die Tante doch offensichtlich mögen, nicht dankbar sein für die sorgfältig ausgewählten Gaben? Weil sie für sie schon selbstverständlich sind und den Charakter des »Mitbringsels« haben? Schon die Bezeichnung »Mitbringsel« spricht für sich und deutet darauf hin, daß hier eine Kleinigkeit, im Grunde etwas Kleines, mit dem Beigeschmack von Unwertem, Minderwertigem mitgebracht wird. Ein Anhängsel ist auch etwas anderes als ein Anhänger. Füllsel etwas anderes als Fülle.

Liegt es daran, daß sowohl die Barbie-Puppe als auch das Motorrad nur eine Reihung von schon Vorhandenem fortsetzen? Oder ahnen die Kinder gar nicht, welche Mühe die Tante auf sich genommen hatte, um sie zu erfreuen? Vielleicht konnten sie am Vorbild der Eltern oder anderer geliebter Personen nicht miterleben, auf welche Weise man Geschenke annimmt? Oder haben sie selbst in der Kunst des Schenkens keine Anleitung erfahren? Der aufkommenden Fragen sind viele.

In Indien gibt es verschiedene Bezeichnungen für »Geschenk«. Eine davon lautet »Prasad«, und gemeint ist damit die Form des Schenkens, bei der sich der Schenkende bei dem Beschenkten dafür bedankt, daß er seine Gabe (seine Liebe) annimmt. Hier wird auf schöne Weise deutlich, was sich im Vorgang des Schenkens eigentlich vollzieht – ein tiefer innerer Austausch, eine Begegnung auf der Herzensebene. Es ist die innere Seite, der tiefste innere Sinn eines jeden Geschenks, daß in Liebe ein Austausch vollzogen wird.

Das Geschenk ist unabhängig vom äußeren Wert. Je kleiner unsere Kinder sind, um so mehr erleben sie den Ausdruck, der in jeder Gabe liegt. Die schönsten Geschenke für das Kleinkind sind die, in denen sie den Geber erleben und immer wieder erleben können: der Mantel, den die Oma gestrickt und die Mama schön bunt ausgefüttert hat, die Tasse, die der Papa von einer Reise mitgebracht hat, aber auch das Gedicht, das der Opa ausgesucht und geschickt hat und das die Mama jetzt jeden Abend spricht. Oder das kleine Schneckenhaus, das der größte Schatz vom Peterchen von nebenan war und das er zum Geburtstag seinem Freund schenkte.

All diese Geschenke machen deshalb reicher, weil hinter der Gabe stets der Gebende wahrgenommen wird und nicht der materielle Wert des Geschenkes im Vordergrund steht. Das gute Geschenk berührt immer das Herz. Es will Freude schaffen. Ist dies geglückt, so entstehen im Herzen noch andere Empfindungen wie Staunen, Ehrfurcht und auch Dankbarkeit.

Früher hatten die Menschen nicht viel zu verschenken, und was sie verschenken konnten, beinhaltete in gewisser Weise stets den Schenkenden selber. Die Puppe, die das kleine Mädchen bekam, war vom Großvater selbst geschnitzt und schon allein deshalb einzigartig. Sie war nicht perfekt und ließ in ihrer Unvollkommenheit viel Raum für die kindliche Phantasie. Sie hatte etwas ganz Persönliches, und in aller Regel war sie unersetzbar, denn nur ein einziges Mal konnte sich der Großvater oder die Mutter soviel Mühe erlauben, um ein Spielzeug herzustellen. All dies machte sie zur beseelten Kostbarkeit, und das Kind konnte in der Geste des Schenkens unter solchen Bedingungen viel leichter die Liebe wahrnehmen, aus der die

Gabe kam. Selbstverständlich konnte man solch große Geschenke nicht alle Tage bekommen, und so wurde auch der Anlaß, der einem das Geschenk bescherte, zum besonderen Markstein. Die Handschuhe, die Wollsocken, die man zu Weihnachten bekam, waren nicht nur Notwendigkeiten – die tatsächlich die Not wendeten – und Zeichen erlebter Liebe, sie waren auch Zeichen im Jahreslauf.

Schenken war früher viel enger als heute mit Brauchtum verbunden und hatte dadurch auch Symbolcharakter. Echtes Brauchtum kommt aus tiefstem Seelengrund und vertieft da, wo es noch lebendig ist, tiefsten Lebenssinn. Erst unser Wohlstand machte es möglich, daß sich der Schenkende immer mehr und mehr aus dem Geschenk herausnahm. Dadurch ging uns der tiefste Sinn im Vorgang des Schenkens verloren – wie auch das tiefere Verständnis dafür, weshalb Geschenke an bestimmte und als besonders erlebte Anlässe gebunden sein sollten.

Könnte man das Geschenk verstehen, wie es der Inder bis auf den heutigen Tag tut, so wüßten wir, daß das wahre Geschenk stets den Vorgang einer Opferung einschließt. Man gibt einen Teil von sich her. Erst das Opfer des Gebenden macht das Geschenk zum Geschenk. So kann alles zum Geschenk werden: Zeit, die man gibt, um etwas herzustellen oder auszusuchen, ein Lied, das man seinem Kind zum Trost singt, eine Fertigkeit, die man weitergibt, ein Verzicht, den man um des Nächsten willen auf sich nimmt. Es ist niemals der materielle Wert, der das Geschenk zum großen Geschenk werden läßt, sondern der innere Austausch von Schenkendem und Beschenktem.

Das, was es unseren Kindern heute so schwer macht, mit Geschenken in rechter Weise umzugehen, ist, daß durch unseren Überfluß die äußere Seite des Geschenks eine Überbetonung erfahren hat und der angesprochene innere Austausch im Vorgang des Schenkens vernachlässigt wird. Es ist eben vielfach einfacher hinzugehen und eine Kleinigkeit einzukaufen, sie zum Besuch mitzubringen, als dem Kind sich selber mitzubringen. Es kostet schon ein wenig Kraft, auf den sichtbaren Überfluß zu verzichten und sein Kind unter Verzicht zur Intensität zu führen. Für das Kind ist es aber wichtig – und je jünger das Kind, um so wichtiger –, daß jedes Geschenk zelebriert wird, daß es den Anlaß einordnen kann, der ihm das Geschenk beschert und den Gebenden hinter der Gabe erkennen kann. Als Antwort auf die uns häufig gestellten Fragen könnte die Zusammenfassung der hier aufgestellten Betrachtungen dienen:

Das wahrhaft gute Geschenk, das bereichert und zur Vertiefung einer liebevollen Beziehung führt, ist unabhängig vom materiellen Wert, aber so wertvoll, wie sich der Schenkende einbringt. Es hat den Charakter des Außerordentlichen, Unverdienten, Einzigartigen. Es wird auf der Herzensebene empfangen und läßt Freude, Ehrfurcht, Dankbarkeit erfahren. Dankbarkeit, die oft über den Gebenden hinausreicht und zu tiefer Dankbarkeit gegenüber Gott selbst führt. Mit Wetteifer, Wettbewerb, Verwöhnung und Überfluß hat das wahre Geschenk nichts zu tun. Beim Schenken ist weniger (an Äußerem) oft mehr (an Innerem), und leider gilt diese Feststellung auch in ihrer Umkehr.

Versuchen wir aus diesen Überlegungen heraus zu einigen praktischen Anregungen zu kommen.

Weil das Geschenk stets ein Bestandteil des Schenkenden sein soll, darf es nie so sein, daß die Tante das Geschenk abgibt, sich dann vom Kind abwendet, um sich mit den Erwachsenen angeregt zu unterhalten. Sie darf das Geschenk nicht von dem Schenkenden spalten. Andererseits muß das Geschenk tatsächlich in Bezug zu dem Beschenkten stehen können, so daß es der Beschenkte nachvollziehen kann. Der Schenkende muß also wissen, was der Beschenkte mag.

Wenn ich weiß, daß das Kind gerne Milchschnitten mag, genügt es durchaus, ihm als Geschenk solche mitzubringen. Dabei läßt sich die Freude am Geschenk noch dadurch steigern, daß man miteinander das alte Spiel »eins du, eins ich« beginnt und so gemeinsam ein kleines Fest feiert.

Wenn ich dem Kind ein Spiel mitbringe, müßte ich vor allem mit dem Kind, am besten sogar mit der ganzen Familie, damit spielen, damit Geschenk und Fest wieder zusammengehören.
Das Kind auf der magischen Stufe hat keinerlei reale Wertvorstellung. Das Geschenk ist für das Kind soviel Wert, wie es Erlebnisse damit verbinden kann. Ein Kind, das mit Geldgeschenken adäquat umgehen kann, ist sowieso schon jenseits der magischen Stufe.
Damit das Kind später selbst in rechter Weise schenken kann, so daß die Gabe, sei sie klein oder groß, in jedem Fall die Beziehung vertieft, muß es in seiner magischen Stufe dazu angeleitet werden. Man könnte es so tun, indem man mit dem Kind auf den Anlaß zugeht, der durch das Geschenk zum Fest gestaltet werden soll:
»Die Oma hat bald Geburtstag, was können *wir* ihr zum Geschenk *machen*? Ein Bild malen oder einen Kuchen backen? Sollen wir ihr den Garten umgraben? Holz für den Winter sägen?«
Wichtig ist, daß sich das Kind mit einer Tätigkeit in das Geschenk einbringt und seine Tat mit dem äußeren Zeichen der Gabe weitergegeben wird. Nur so kann es sich auf der magischen Stufe mit dem Geschenk verbinden und über das Geschenk Beziehung zum Beschenkten aufnehmen.
Zum Schluß des Kapitels zwei Geschichten aus Rußland, die für sich selber sprechen:

Schokoladentorte (ein Leserbeitrag in einer russischen Zeitung):

Zu meinem Geburtstag lud ich Gäste ein, und Mama kaufte mir eine Schokoladentorte zur Bewirtung.
Nun kamen sie – die Gäste. Und alle mit Geschenken. Kolja – mein Nachbar – brachte ein Tisch-Hockey-Spiel. »Danke«, sagte ich zu Kolja. »Wenn ich ehrlich sein soll, ich liebe dieses Spiel nicht so sehr. Besser würde mir ein Tisch-Fußball-Spiel gefallen.«

Viktor brachte mir die Märchen von Andersen. »Danke«, sagte ich, »das Buch ist wunderbar. Es macht gar nichts, daß es nicht mehr neu ist und man sieht, daß es schon von all deinen Verwandten gelesen wurde.«
Lida, meine Klassenkameradin, schenkte mir Filzstifte. »Wie passend«, sagte ich, »ich brauche jetzt gerade Filzstifte. Nur schade, daß es insgesamt nur sechs Farben sind. Etwas Besonderes kann man damit nicht zeichnen. Im Geschäft habe ich eine Serie gesehen – 18 Farben!«
Ich legte die Geschenke in eine Ecke und bat die Gäste zu Tisch. Ich begann die Torte zu verteilen und Tee einzugießen.
Ja – was muß ich sehen, meine Gäste sitzen traurig da! Ich schaltete das Radio ein, um sie mit fröhlicher Musik aufzuheitern. Sie wurden trotzdem nicht fröhlicher, sie löffelten ihre Torte und schauten auf den Teller. Dann verabschiedete sich einer um den anderen und ging.
– Was habe ich nur falsch gemacht? Hat Ihnen die Torte vielleicht nicht geschmeckt?

Ein Teller Suppe

Diese Geschichte berichtet ein Deutscher, der als sehr junger Mann, etwa 18- oder 19jährig, in Rußland Soldat war.

Seine Einheit hatte im Verlauf von Kampfhandlungen ein russisches Dorf zerstört. Als er verzweifelt und hungrig durch die zerschossene Siedlung ging, rief ihn eine Bäuerin an, deren Haus und Herd noch einigermaßen heil geblieben waren. Als er einen Blick in die Hütte warf, sah er auf dem Herd einen Topf mit kochender Bohnensuppe. Die Frau winkte ihn zu sich und sagte: »Komm, iß mit, bist auch hungrig«, und sie gab ihm, dem, wenn auch ungewollten Feind, einen Teller Suppe.

Die gemeinsame Mahlzeit

Der kleine Alexander – 22 Monate alt – und der Sprache schon gut mächtig, darf bei der Geburtstagsfeier seines Vaters am Tisch dabeisein. Er ist voller Aufmerksamkeit, ist ganz Auge und ganz Ohr. Besonders eine ältere Tante, die er nicht häufig sieht, erregt sein Interesse. Man trinkt sich zu. Eigentlich alle am Tisch begnügen sich mit »Prost« als Trinkspruch. Nur diese Tante sagt: »Zum Wohl, also.« Es dauert nicht lange, da hebt auch der kleine Alexander seinen Becher und tönt fröhlich in die Runde: »Zum Wohl, also!«
Der gleiche Alexander sitzt am Mittagstisch mit seinen Eltern und lieben Gästen zusammen. Soeben hat er seinen Teller leergegessen, strahlt und sagt: »Hat gut geschmeckt, danke Mama.« Von wem er's bloß hat? Von seinem Vater natürlich, mit dem er ein Herz und eine Seele ist.
Die Familie des kleinen Alexander zelebriert – wann immer es ihr möglich ist – die gemeinsame Mahlzeit und betrachtet diese als den Ruhepunkt im Familienleben. Kein Telefonat darf den Familientisch sprengen. Man genießt nicht nur die gemeinsamen Mahlzeiten, sondern auch den schön gedeckten Tisch, die Kerzen und den Blumenstrauß auf dem Tisch. Man genießt sich selbst, und man vermittelt den am Familientisch teilhabenden Kindern: Eine Mahlzeit beinhaltet viel mehr als den Hunger stillen. Sie bedeutet Sattwerden in einem viel umfassenderen Sinn, und sie bedeutet Begegnung!
Zu unserem Erstaunen wird uns immer wieder berichtet, daß die gemeinsame Mahlzeit der Familie vor dem Fernseher eingenommen wird. Wir erfahren auch, daß manches Kind alleine vor dem Fernseher sitzend abgefüttert wird. »Peng-Peng!« als täglich Brot?
Auch das Bild aus der Konservendose, das uns der Fernseher liefert, formt das Kind, und es kann sich aus diesem Bild, da es

auch ein Vorbild ist, ebensowenig heraushalten wie aus allen anderen Vorbild-Erlebnissen.
Das Kind ist ein soziales Wesen und ist zum Mitmenschen veranlagt. Zum Urbild der Nahrungsaufnahme gehört die Gemeinsamkeit. Das fängt mit der Aufnahme der Muttermilch an. Das deutsche Wort »stillen« beschreibt dieses Urerlebnis besonders schön. Stillen ist wirklich viel mehr als Nahrungsaufnahme und Sättigung. Stillen ist miteinander-schwingen, stillwerden, friedlichwerden. Stillen bedeutet Nähe aushalten, ruhigen Blickkontakt miteinander aufnehmen, Schmatzen nachahmen. Stillen ist der Auftakt für die Art und Weise, wie wir später Nahrung aufnehmen. Wir essen wirklich nicht nur, um satt zu werden, sondern auch aus sozialen Gründen. Miteinander zu Tisch sitzen bedeutet Bindung untereinander aufnehmen und bei vielen Naturvölkern auch Abbinden von Aggressionen. Die Kopfjäger Neuguineas konnten beispielsweise von niemandem mehr den Kopf jagen, mit dem sie einmal zusammen gegessen hatten. Gemeinsame Nahrungsaufnahme und ein friedlicher Mitmensch werden ist also eine tief im Menschen verankerte Beziehung. Wenn ich nach Italien komme, trinke ich nicht deutschen Kaffee, sondern bestelle Cappuccino, um zu erfahren, was dem Italiener guttut. Wenn der in Deutschland lebende Grieche nur Gyros essen kann und bayerische Knödel oder schwäbische Spätzle konsequent verweigert, so ist er noch weit entfernt von echter Integration. Und wenn das Kind das gemeinsame Erlebnis seiner Nahrungsaufnahme verweigert, dann ist es auch noch nicht (nicht mehr?) in seine Zusammenhänge integriert. Es ist noch durch irgendein Überbleibsel seines magischen Erlebens gefangen. Seine Mutter liegt durchaus richtig, wenn sie ihm die Brücke zu der verlorengegangenen Gemeinschaft seiner Lieben zu bauen versucht, indem sie ihm einen Löffel für den Papa, einen für den Opa, einen für die Oma, einen für die Tante Mina anbietet. Das kann sie aber nur bei einem ein- oder zweijährigen Kind tun, das die Beziehung zu diesen Personen schon angenommen hat.

Wenn das Kind die mütterliche Brust verweigert, verweigert es auch die Mutter und verweigert sich der Mutter. Es fehlt ihm noch mehr, als die verweigerte Nahrungsaufnahme vorgibt. Es ist aus seiner ganzen Welt herausgefallen. Es hat die Bindung an die Mutter noch nicht angenommen oder hat sie eingebüßt. Es ist wie noch nicht geboren und hat demzufolge noch die Grundbedürfnisse wie in der Zeit, die es im Mutterleib verbrachte.

Bei unserer Beratung hat sich bewährt, das Kind, das die Nahrungsaufnahme verweigert, erst in seinen Grundbedürfnissen satt zu machen, bevor wir es an die Nahrungsaufnahme heranführen.

Bei dem die Mutterbrust verweigernden Kind bedeutet das, daß es den Kontakt zur Mutter zunächst einmal über seinen Körper erfährt und besonders dann, wenn es sich nicht gut fühlt. Es muß zunächst Trost vermittelnden Kontakt erfahren, denn erst wenn die Beziehung zur Mutter stimmig ist, kann die Nahrungsaufnahme glücken.

Bis zu einem gewissen Grad muß einem Kind auch Hunger zugemutet werden, denn Hunger ist seit jeher der beste Koch. Man sollte deshalb dem Kind kein Ersatzessen anbieten. Dies gilt für Kinder aller Altersstufen. Es ist nicht gut, die Situation der Nahrungsaufnahme durch unnötige Aktivitäten zu entfremden, wie es vielfach geschieht, nur um das Kind durch List und Tücke dazu zu bringen, den Mund zu öffnen. Nahrungsaufnahme sollte wirklich nicht zum Kasperle-Theater werden!

Wenn das Kind die Nahrungsaufnahme verweigert, darf auch keine Nachfütterung und keine Nachspeise erfolgen. Bis zur nächsten Mahlzeit kann jedes gesunde Kind einmal hungern. Wenn sich das Kind gegen die Nahrungsaufnahme wehrt, sollte man es in den Arm nehmen und trösten, aber man sollte ihm nicht die Erfahrung vermitteln, daß es die Mutter manipulieren kann.

Grundsätzlich kann man erwarten, daß das Kind bei der Nahrungsaufnahme bleibt. Der Säugling verweilt an der Brust, bis er satt ist, das Kleinkind am Tisch. Eine Hilfe wird sein, wenn das Kind von klein auf miterlebt, daß jeder es so macht: Mutter, Vater und die Geschwister bleiben am Tisch sitzen, bis die Mahlzeit beendet ist – wohlgemerkt auch das Kind, das nicht mitißt, sollte solange am Tisch verweilen, solange die Familie ißt.

Wird die Mahlzeit durch einen Tischspruch, ein Gebet oder ein Lied begonnen oder beendet, fällt es dem Kind leichter durchzuhalten, weil es sich orientieren kann. Essend nimmt das Kind Bilder und Verhaltensweisen in sich auf und verinnerlicht sie. »Liebe geht durch den Magen« ist eine Volksweisheit. Daher ist es wichtig, ihm mit dem Essen die richtigen Bilder anzubieten, Tischsitten einzuhalten und Höflichkeit zu üben. Vor allen Dingen ist es wichtig, daß die Familie das Erlebnis der gemeinsamen Mahlzeit hat – wenigstens einmal am Tag.

Die Mahlzeiten sind verbindlich und sollten zu geregelten Zeiten erfolgen – nur so kann das Kind seine innere Uhr und ein gesundes Hungergefühl ausbilden.

Pflichten und Selbstbewußtsein

Der zwölfjährige Uwe hat Schwierigkeiten in der Schule, hauptsächlich deshalb, weil er aufgegeben hat, sich in irgendeiner Form Mühe zu geben. Die Sechsen, die der Lehrer ihm für seine Leistungen gibt, berühren ihn nicht, eher die Strafarbeiten, die er erhält oder der verordnete Nachhilfeunterricht. Diesem versucht er sich dadurch zu entziehen, daß er die Mitarbeit verweigert. Uwe schont seine Eltern nicht. Er sucht täglich den Streit, und es macht den Eindruck, daß dies das einzige ist, was ihm in seinem Leben Freude macht. Den Erziehungsversuchen seiner Eltern versucht er sich dadurch zu entziehen, daß er einfach aus dem Gespräch aussteigt. Er hört weder zu, noch gibt er eine Antwort. Seine gelegentlichen Äußerungen beschränken sich auf »keine Lust« oder aber: »Mach's doch selber, ich bin doch nicht dein Diener.« Kurzum – Uwe hat eine »Null-Bock-Haltung«.

Aus der Familiengeschichte erfahren wir, daß er nicht nur Einzelkind ist, sondern auch, daß ihm bis zur Einschulung jeder Wunsch von den Augen abgelesen wurde. Daß er bis zum heutigen Tag keinerlei Pflichten von den Eltern übertragen bekam, weil die Eltern ihn zunächst für zu klein und jetzt für zu unzuverlässig, zu wenig ausdauernd, aber auch für mit zwei linken Händen begabt halten.

Seine Eltern sind gut situiert. Der Vater ist im Beruf sehr erfolgreich, die Mutter eine engagierte Hausfrau. Sie besitzt alle modernen technischen Hilfen, so daß ihr der Haushalt auch leicht von der Hand geht.

In diesem Haushalt war für Uwe *wirklich* nie etwas zu tun. Zunächst war er noch zu unvernünftig, um die Apparate bedienen zu können. Dann war die Arbeit schon getan, wenn er vom Kindergarten oder der Schule nach Hause kam. Er hatte von allem Anfang an viel Zeit zum Spielen. Er besaß auch jede

Menge Spielsachen, darunter auch ferngelenkte Autos, eine elektrische Eisenbahn und Lernspiele, bei denen ein Lämpchen aufleuchtete, wenn er auf Spielfragen die richtige Antwort gefunden hatte.

Bei genauerer Betrachtung stellte sich heraus, daß Uwe eigentlich immer auf sich alleine angewiesen war und die meiste Zeit in seinem Kinderzimmer verbrachte. Er hatte wenig Gelegenheit, der Mutter bei der Arbeit zuzusehen, und sein Vater hatte nie Zeit, mit ihm zusammen etwas zu unternehmen. Auch flogen ihm in den ersten Lebensjahren die gebratenen Tauben buchstäblich in den Mund. Sein Essen stand stets gekocht auf dem Tisch, und Kuchen, seine große Leidenschaft, durfte er essen, soviel er wollte. Seine Wünsche wurden ihm erfüllt, noch ehe er sie geäußert hatte, denn er sollte es gut haben.

Mit der Einschulung aber begann für ihn eine schwierige Zeit. Jetzt erwarteten die Eltern von ihm (als Dank für ihre Liebe), daß er in der Schule fleißig sei, und insgeheim erhofften sie sich sogar, daß Uwe es noch weiter bringen möge als sein Vater.

Uwe, dem bislang alles abgenommen worden war und der nur die Sonnenseite des Lebens kannte, war jedoch nicht darauf vorbereitet, daß es ohne Fleiß keinen Preis gibt.

Da ihm das Lernen nicht leicht fiel und er es nicht aushalten konnte, nicht zu den besseren der Klasse zu gehören, gab er es schließlich auf, sich für die Schule anzustrengen. Mit jedem Jahr wurde sein Zeugnis schlechter, was seine Situation zu Hause nicht gerade verbesserte. Die Eltern wurden immer unzufriedener. Uwe hatte schließlich das Gefühl, nicht mehr geliebt zu werden. Er rächte sich, indem er dem Vater den Autoschlüssel versteckte, indem er im Garten den Wasserhahn öffnete und das Wasser laufen ließ, indem er der Mutter den Geldbeutel wegnahm und zu lügen anfing.

Rächte er sich wirklich? Oder suchte er verzweifelt die Aufmerksamkeit der Eltern auf sich zu ziehen und damit – wenn auch mit unguten Mitteln – ein wenig Liebe zurückzubekommen? Hoffte er, dadurch zu erfahren, daß er den Eltern doch nicht einerlei sei, daß sie ihn lieben, obgleich er kein guter Schüler war?

Uwes Geschichte ist traurig und fast schon typisch dafür, daß er um die Grunderfahrung betrogen wurde, daß seine Mühe für seine Eltern, für die Familie einen Sinn hat. Er wurde in bester Absicht um die Erfahrung betrogen, stolz auf sich und sein Können zu sein. Als er nämlich als kleiner Bub noch voller Neugier auf das Leben war, konnte er nicht erleben, daß er schon so groß wie die Mama ist und wie sie Geschirr spülen kann, daß er ihr beim Kochen helfen oder dem Vater zur Hand gehen kann und dieser stolz darauf ist, weil Uwe schon alleine den Ast durchsägen kann. Es war versäumt worden, ihm zur rechten Zeit eine seinen Kräften angemessene Pflicht, zum Beispiel die große Pflanze in seinem Kinderzimmer regelmäßig zu gießen, zu übertragen. Es war versäumt worden, ihn dafür zu loben, daß er, obgleich es ihm schwerfällt, die Buchstaben von der Tafel abzuschreiben, in der Schule durchhält. Es war versäumt worden, ihm zu spiegeln: »Daß du da bist, ist allein wichtig für uns«, »es freut uns, daß du uns den Tisch so schön gedeckt hast«, »daß du daran gedacht hast, den Müll wegzubringen…«

Uwe, den die Eltern als Versager erleben, war von klein auf um sein Selbstwertgefühl gebracht worden, und nicht nur das, er hatte keine gesunde Neugier und keine Lust am Leben entfalten können.

Allerdings war dies nicht die Schuld seiner Eltern, jedenfalls nicht in dem Sinn, daß ihnen Schuld angelastet werden könnte. Sie meinten es gut mit Uwe, wurden aber ein Opfer ihrer Unbewußtheit. Denn tatsächlich bietet unser Leben heute unseren Kindern nur sehr wenig Möglichkeiten, im Haushalt mitzuhelfen und die Mutter bei ihren Tätigkeiten zu begleiten. Die Dinge erledigen sich dank der technischen Hilfen wie von selbst und so, daß das kleine Kind die Zusammenhänge nicht unbedingt erfassen kann. Und es gibt auch nur noch wenige Väter, die ihren Beruf vor den Augen ihrer Kinder ausüben können. Auch dies ist eine Verfremdung unseres Lebens, mit der wir leben müssen. Um so wichtiger ist es deshalb, den Ausgleich zu suchen und das Kind teilhaben zu lassen an dem, was es noch mitmachen kann, beim Einkaufen, Backen, Putzen, allen Arbeiten in Haus und Garten, weil es sich freut, wenn es dabeisein darf. Es soll Pflichten zugeteilt bekommen, die es erfüllen kann – um seines Selbstbewußtseins und der Gesundheit seiner Seele willen. Es soll bei allem mithelfen dürfen, damit es das Gefühl erwirbt, ich werde gebraucht, und damit es seine Sinne schulen und Handfertigkeiten erlernen kann.

In einem unserer Elternseminare erzählte eine Teilnehmerin folgendes:

»Wenn ich an meine Kindheit denke, betrachte ich mit Liebe und Dankbarkeit die Bilder, die ich im Herzen aufbewahrt habe. Da sehe ich meine tatkräftige, kleine Großmutter, und ich fühle noch den Stolz, den sie mir gönnte, als sie mich – damals war ich fünf Jahre – den Umgang mit der Bügelsäge und anderen gefährlichen Gerätschaften wie Messer und Beil lehrte. Ihr ganzes Vertrauen ruhte auf mir, was mir Durchhaltevermögen und Geschicklichkeit gab. Weil ich tatsächlich mit ihr zusammen Holz klein machte, das die Familie in dem damals von mir als bitterkalt empfundenen Winter benötigte, wußte ich, daß ich, obwohl ich noch so klein war, tatsächlich wichtig für die Familie war. Meine Großmutter hat mir alles beigebracht, was sie konnte, und es war für mich schön, mit ihr zusammen den Teig anzurühren oder die Wäsche zu strecken, um sie so zum Bügeln vorzubereiten. Und es ist mir der Eindruck geblieben, daß wir bei all der vielen Arbeit doch auch viel zusammen gelacht haben. Immer noch kann ich das Gefühl abrufen, daß wir im Bunde miteinander waren. Es war einfach schön und ist es eigentlich immer noch!«

Verwirrung durch Worte

Als das kalte Wetter einsetzte, bemühte sich eine Mutter in unserer Sprechstunde, ihr etwa eineinhalbjähriges Kind mit allen möglichen Argumenten davon zu überzeugen, daß es sich gegen das Anziehen des Strickjäckchens doch nicht wehren sollte. Aber das Kind verstand kein Wort, obwohl es schon viele eigene Wörter verwendete.

Die Zusammenhänge zwischen Ursache und Wirkung versteht das Kind aufgrund der Sprache erst dann, wenn es die Situation mehrfach hautnah erlebt hat und das wahrgenommene Erlebnis in seiner Gesamtheit in seiner Vorstellung abrufen kann. Diese Fähigkeit des abstrakten Denkens wächst allmählich, viel langsamer, als vielfach angenommen wird. Das Kind versteht den Zusammenhang von unmittelbar eingetretenen Folgen seiner Handlung nur, wenn es sie am eigenen Leib spüren konnte. Wenn es zum Beispiel vom Hund gebissen wurde, weil es ihm an der Schnauze herumgefummelt hatte, versteht es auch gedanklich: »Laß den Hund in Ruhe, sonst beißt er dich.« Aber ohne diese Erfahrung kann es in der magischen Stufe nicht verstehen, warum es den Hund in Ruhe lassen soll. Erst nach dem vierten oder fünften Lebensjahr stellt das Kind echte Warum-Fragen, weil es um die Zusammenhänge wissen will. Bis dahin stellt es Fragen, die mehr Nachahmungscharakter haben, weil es sein will wie die Großen oder weil es seine Bezugspersonen auf Trab halten will. Es ist am Inhalt der Antworten noch nicht interessiert. Fragt das Kind vor dem vierten Lebensjahr: »Warum muß ich die Stiefel anziehen?« und die Mutter sagt: »Deshalb«, so tut diese Antwort den gleichen guten Dienst wie die ausführliche Begründung. Das Kind wollte nur eine – irgendeine – Antwort auf seine Frage haben, und schon ist es zufrieden. Oder aber, es wollte durch die Warum-Frage nur ein Spiel in Gang setzen. Erst wenn sein wachsender Forscherdrang, seine Neugier ihm genügend viel leib- und hautnahe Erfahrung vermittelt hat, ist es in der Lage, Zusammenhänge ohne konkretes Erlebnis zu verstehen. Jetzt erst stellen sich ihm echte Warum-Fragen.

Es ist nicht so einfach, sich in die magische Welt des Kindes einzufühlen, und daher ist es auch so schwierig, genau zu wissen, was in dem Kind vorgeht. Auch wenn es schon spricht, sogar in perfekten Sätzen, verwendet es die Begriffe inhaltlich ganz anders als der Erwachsene.

Ein Beispiel: Der kleine Karl, ein aufgeweckter Sohn eines Schreiners von etwa sechs Jahren, sagte in der Weihnachtszeit mit Inbrunst: »Alle Jahre wieder kommt das Christuskind, kehrt mit seinen Sägen« (statt: kehrt mit seinem Segen!), und dies war für ihn vollkommen logisch. Zum einen erlebte er hautnah mit, daß sein Vater auf Weihnachten zu viel Arbeit bekam, zum anderen war ja das Christuskind ein Zimmermannssohn. Warum sollte es nicht mit seinen Sägen kommen? Er hatte ja auch eine und durfte dem Vater zur Hand gehen, und schließlich, warum sollte der kleine Karl den Herrgott nicht mit seinem Vater gleichsetzen. Warum nicht?

Wichtig ist zu erkennen, daß man sehr oft an dem Kind der magischen Stufe vorbeispricht, oder umgekehrt. Unter der Mischung magischer Wahrnehmungen und Bruchstücke, der in den Gesamtzusammenhang noch nicht eingeordneten Wirklichkeit, entstehen nur allzu leicht Verzerrungen der Wahrheit, die der Erwachsene als Lüge deutet.

Der kleine Karl könnte zum Beispiel in der Werkstatt des Vaters einige Geldstücke gefunden haben, nahe der Säge bei den Sägespänen, die er eifrig und ganz freiwillig wegfegte.

Für ihn ist klar und freudig meldet er dem Vater, er habe vom Christkind Geld bekommen. Und der Vater rügt ihn: »Du Schlimmer, du sollst doch nicht schon wieder schwindeln.«

Weil dem an der äußeren Wirklichkeit und am Intellekt orientierten Erwachsenen das magische Bewußtsein abhanden gekommen ist, ist es ihm so schwer, das Kind wirklich zu verstehen und sich in kindliches Erleben einzufühlen. Durch mißverstandene Worte entstehen in der kindlichen Seele oft völlig andere Bilder, als der Erwachsene beabsichtigt. Es ist daher ebenso wichtig zu filtern, was dem Kind durch Medien, Bücher und Gespräche Erwachsener zugeführt wird, wie immer wieder durch Nachfragen herauszuspüren, was das Kind verstanden hat. Durch solche Gespräche hilft der Erwachsene dem Kind, allmählich aus der magischen Stufe herauszufinden.

Verwirrung durch Geld

Ein Zeichen unserer Zeit ist, daß die Kinder ungewöhnlich früh ein Konsumverhalten und ein darauf bezogenes Prestigedenken entwickeln.
Es ist schon keine Ausnahme mehr, daß die Mutter auf unser flüchtiges Lob, wie schick ihr Töchterchen heute wieder angezogen ist, stolz antwortet: »Ja, und sie sucht mit ihren vier Jahren schon alles selbst aus. Dabei hat sie einen guten Geschmack, immer nur das Beste vom Besten. Und sie spürt genau den modischen Trend. Noch bevor ich begriffen habe, welche Farben in diesem Herbst Mode sind, kommt meine Tochter aus dem Kindergarten und sagt ›Lila und Lindgrün‹.« Welch eine Bereicherung! Die Mama muß es kaufen, koste es, was es wolle, obwohl man zu Hause noch Stöße von Hosenanzügen und Sweatshirts in Pink und anderen Farben hat.
Oder: Es erzählte uns ein Lehrer, daß zum Klassenausflug *alle* Drittkläßler mit Walkman ausgestattet erschienen. Und er entschied, daß alle Walkmans im Klassenzimmer bleiben, weil er sich vorgenommen hatte, seine Schüler für die Stimmen der Natur zu begeistern. Die Kinder hatten große Freude daran. Sie lauschten dem Vogelgesang, dem Rauschen des Bachs und dem Säuseln des Windes. Nach diesem geglückten Klassenerlebnis hatte er wirklich nicht damit gerechnet, daß er Unannehmlichkeiten mit den Eltern bekommen würde. Es kamen nämlich Eltern zu ihm, die ihm Vorwürfe machten: »Nun haben wir für das teure Geld extra den Walkman gekauft, den andere Kinder auch haben, denn wir wollten nicht, daß unser Kind zurückstehen muß!«
Von Comic-Figuren über den Haarschnitt bis hin zur Farbe des Schulranzens haben heutzutage auch Vorschulkinder den Überblick über das Sortiment! Sie vergleichen untereinander, gleichen sich an und übertrumpfen sich gegenseitig.

Auf die Frage, »was wünscht du dir am allermeisten?« antwortete ein Fünfjähriger schlicht: »Ein Video.« Auf den Einwand: »Aber das ist doch fürchterlich teuer, hast du soviel Geld?« antwortet er: »Mein Papa hat's.« »Und woher?« »Vom Geldautomaten.« Fragt man weiter, wo der Geldautomat das Geld her hat, dann bekommt man zur Antwort: »Das Geld ist doch da! Man braucht nur das Kärtchen, drückt auf den Knopf, und das Geld kommt heraus!« Und wir hören auch kindliche Stimmen, die sagen, daß es doch blöd vom Papa ist, wenn er nicht den Geldautomaten benutzt, um das Video zu kaufen!

So losgelöst ist das Verständnis beim Kind heute für die Beziehung Ware und Geld! Früher waren auch hier die Zusammenhänge durchsichtiger, inhaltsgefüllter und lebensnaher. Das Kind wußte noch, daß der Vater das Geld bekommt, weil er den Tisch hergestellt oder weil er die Mauer hochgezogen hatte. Das Geld ging von Hand zu Hand. Auch das Kind, das miterlebte, wie der Vater allwöchentlich die Lohntüte nach Hause brachte, konnte sich vorstellen, welche Mühe der Vater in der Fabrik, im Bergbau, in der Tischlerei einbrachte, um entlohnt zu werden. Es konnte den Vater bei der Arbeit noch beobachten. Es konnte das Produkt der Arbeit und seine Entstehung verfolgen und daher auch einordnen. Kam der Vater mit der Lohntüte nach Hause, so konnte das Kind immerhin noch den Zusammenhang herstellen zwischen Arbeit, Entlohnung und Lebensbedarf. Und es erlebte mit, wie der Arbeitslohn des Vaters aufgeteilt wurde in die alltäglichen Notwendigkeiten wie Miete, Arztkosten, Kleidung und Essen.

Für Luxus blieb selten etwas übrig, normalerweise so gut wie nie. Heute ist alles viel anonymer. Der Vater arbeitet irgendwo und irgend etwas, das das Kind nie wirklich zu sehen bekommt. Das Kind weiß auch nicht, was der Vater für seine Mühe bekommt, weil der Lohn nicht direkt ausbezahlt, sondern aufs Konto überwiesen wird. Vieles, was der Vater regelmäßig zu bezahlen hat, wird direkt vom Konto abgebucht.

Eine Zauberwelt! »Esel streck dich, Tischlein deck dich!« Das Kind der magischen Stufe ist für die Verführung deshalb so gefährdet, weil es die Realitätsanbindung noch gar nicht vollzogen hat. Es paßt alles so wunderbar in das Erlebnis seiner magischen Welt.

Ganz abgesehen von den Überlegungen über das Magische, das Kind im Vorschulalter hat noch keinen Preisvergleich. Sein Mengenbegriff wächst nur langsam im Zuge des mathematischen Denkens. In Hundertern und Tausendern kann im Grunde erst der Drittkläßler denken!

Tatsächlich aber verfügt das Kind über den wahrnehmbaren Vergleich der Ware, die es für das Geld kauft, und dabei orientiert es sich wiederum an den Vorbildern. Es richtet sich nach dem Geschmack Gleichaltriger und übernimmt die Einstellung der Eltern. Es möchte nun genau den gleichen Walkman wie die anderen Kinder. Es registriert, wie wichtig den Eltern das teure Auto mit Exklusivausstattung ist und wie die Eltern ebenso wie die Nachbarn den Urlaub auf Gran Canaria verbringen möchten usw. Es fühlt sich von den Eltern bestätigt, wenn es Kaufbewußtsein und eigenen Geschmack entwickelt! Bewußt unterstützen die Eltern das erwachende Gefühl für das Geld, indem sie dem Kind Taschengeld zur Verfügung stellen und sie es mit Geld belohnen beziehungsweise mit Entzug bestrafen. Die Eltern bezahlen ihr Kind dafür, daß es die Schuhe der Familie putzt, für Tapferkeit beim Zahnarzt usw.

Das Kind schätzt den Geldwert heute um so mehr, da es – besonders als Einzelkind – sich hauptsächlich an den Maßstäben der Eltern ausrichtet. Manche Mutter, für die es notwendig ist, berufstätig zu sein, möchte das Kind für ihre Abwesenheit entschädigen, indem sie ihm das Erwünschte kauft.

Die vorgelebte Wertschätzung ist dem kleinen Kind bei materiell wahrnehmbaren Werten sehr viel leichter nachvollziehbar als bei den geistigen. Es schätzt das Computerspiel, weil es die Attraktionen auf dem Bildschirm sieht und hört, weil es über das Bedienen der Tasten etwas Wahrnehmbares bewirken kann.

Es kann sich noch gar nicht in die Bereitschaft der Eltern einfühlen, Verzicht zu leisten, um ihm diese Freude machen zu können. Es sieht nur die Fassade, nicht die inneren Werte. Unaufdringlich bekommt es die Formel: »Der Reiche ist gut, der Arme böse oder zumindest doch dumm, und die Eltern sind die Quelle des Geldes, die mühelos fließt!« Die Auswirkungen dieses Konsumverhaltens sind bereits bekannt: ein zerschelltes Weltbild der Jugendlichen und jungen Erwachsenen. Wenn sie einmal mit anstrengender Arbeit ihr Geld selbst verdienen müssen, weil ihre Eltern nicht mehr bereit sind zu zahlen, bricht ihre Welt zusammen. Einige stehlen das Erwünschte, andere flüchten in Drogen.

Das Mädchen, dessen Kleid wir lobten, und der Junge, der sich das Video wünschte, hatten übrigens einen gemeinsamen Anlaß zur Beratung: Beide Kinder konnten sich nicht konzentrieren und nicht spielen, und beide konnten im Spiel nicht verlieren. Das Mädchen wollte in Rollenspielen stets die Rolle der Prinzessin haben, weshalb sie in ihrem Kindergarten aneckte. Der Junge war eher ein Einzelgänger, der es liebte, wie eine Comic-Figur vor sich hin zu quäken. Nur beiläufig kamen wir im Beratungsgespräch auf den Kern. Wir luden die Eltern zu einem unserer Elternseminare ein, das sich mit der Problematik der materiellen Verwöhnung befaßte.

Im gemeinsamen Gespräch stellte sich heraus, daß sich die Eltern selbst bisweilen als Sklaven des Konsums sehen. Schon lange suchten sie nach Auswegen aus dem erstickenden Kreislauf: Arbeit, Schauen, was der andere hat, Kaufen, Genießen, Wegschmeißen, Arbeiten, Schauen, Kaufen, Wegschmeißen – ein sinnloser Teufelskreis. Die gemeinsame Erkenntnis war, man müsse sich von diesen Zwängen befreien. Es war eine große Freude für alle mitzuerleben, welche Sehnsucht nach wahren Werten trotz aller Verführungen der Konsumwelt in jedem einzelnen noch lebendig war, und die Eltern nahmen sich folgendes vor:

1. Die eigenen Einstellungen zu Konsum und Besitz zu über-

prüfen und die Werte für sich und die Familie neu festzulegen. Es sollte weniger die Fassade als die inneren Kräfte betont werden.
Ob es nicht eine größere Freude wäre, das Geld, das man für ein weiteres modisches Kleid ausgeben würde, für Menschen in Not zu spenden?
2. Sie nahmen sich vor, mit ihren Kindern zusammen herauszufinden,
- was den Nachbarn, die für jedes Familienmitglied ein Fernsehgerät haben, abgehen könnte: Vielleicht können sie nicht mehr miteinander reden oder miteinander einen fröhlichen Ausflug machen?
- was die anderen Nachbarn opfern, wenn sie jeden Sonntag ein Programm haben müssen. Vielleicht muß ihre Oma zu Hause alleine bleiben und sich ausgestoßen fühlen? Vielleicht können sie sich keinen Hund halten, weil sie jedes Wochenende auf Skipisten fahren müssen?

3. Sie nahmen sich vor, bei ihren Kindern die Freude daran zu wecken,
- die Natur selbst und nicht ihre Verfilmung zu genießen, lieber die Tiere in der Natur zu beobachten, als sie im Fernsehen zu sehen,
- auch ohne teure Gerätschaften das Spiel alleine und mit anderen zu pflegen,
- Rollenspiele mit Gegenständen aus ihrer Umgebung zu veranstalten (der Hocker könnte ein Pferd sein, der Wäschekorb ein Schiff auf hoher See),
- Märchen von der Oma oder der Mama direkt zu hören oder Geschichten aus deren Kindheit, statt immer neue Kassetten zu kaufen,
- wieder miteinander zu singen, statt die Lieder von der Kassette abzuhören.

4. Schließlich nahmen sie sich vor, das Kind gegen den Wettkampf, möglichst viel haben zu müssen, zu rüsten. Wenn es beispielsweise nach Hause kommt und bemängelt, keinen

Walkman wie der Schulkamerad Franz zu haben, dann wollten sie mit ihrem Kind zusammen herausfinden, was es zu Hause besser hat als der Franz. Ob der Franz mit seinem Papa auch zur Blaskapelle gehen kann? Ob er mit seinen Geschwistern auch am Lagerfeuer sitzend singen kann? Ob er so schöne Spiele kennt, die man mit der ganzen Familie spielen kann? Und es soll davon dem Franz berichten, wenn der sich mit seinem Walkman brüstet.

Die berufstätige Mutter

Auf Anraten einer uns bekannten Erzieherin kam eine Mutter mit ihrer fünfjährigen Tochter zu uns. Anlaß der Beratung war, daß Corinna im Kindergarten nicht mit den anderen Kindern zurechtkommt. Sie klebt an der Kindergärtnerin, läßt sich schwer motivieren, mit den anderen Kindern zu spielen, schaut allenfalls passiv zu, am liebsten vom Schoß der Erzieherin aus. Sie wehrt sich nicht und neigt dazu, andere Kinder zu verpetzen. Wird sie doch in eine Auseinandersetzung verwickelt oder möchte die Erzieherin das Petzen nicht hören, dann kommt es sehr häufig vor, daß Corinna erbricht, so daß sich die Kindergärtnerin ihr erst recht widmen muß. Die Mutter kann sich Corinnas Verhalten nicht erklären, denn sie erlebt sie zu Hause ganz anders. Sie weiß nicht, ob sie von ihrer Tochter oder der Erzieherin enttäuscht sein soll.

Beim Betrachten von Corinnas Lebenslauf werden die Hintergründe für ihr unterschiedliches Verhalten rasch klar: Als Corinna ein Jahr war, wurde die Ehe der Eltern geschieden. Corinna hat keinen Kontakt zum Vater. Die Mutter hatte sich vorgenommen, sich ganz ihrem Kind zu widmen. Sie hatte deshalb auf ihren Beruf als Zahnarzthelferin verzichtet, der ihr ursprünglich viel bedeutete. Sie möchte den Beruf erst wieder aufnehmen, wenn Corinna in die Schule geht, und auch dann nur halbtags.

Eigentlich eine sehr mütterliche Haltung, die durchaus der Erkenntnis entspricht, daß das kleine Kind die Mutter braucht. So gut der Vorsatz der Mutter auch war, so war er hier doch aus dem Gesamtzusammenhang gerissen. Das kleine Kind braucht tatsächlich die Mutter, um mit ihrer Hilfe soziales Verhalten zu erlernen. Es muß aber auch lernen, das mit der Mutter Erlernte auf andere zu übertragen. Es muß nicht nur mit der Mutter, sondern auch mit anderen spielen, nicht nur gegen die Mutter trotzen, sondern auch den Konflikt mit anderen aushalten. Das heranwachsende Kind muß aber auch die Mutter in ihren eigenen Zusammenhängen erleben können. Dazu gehört *auch* die Arbeit, sowohl die Mühsal – oft auch die Überwindung der Unlust –, aber auch die Freude an den eigenen Kräften und am eigenen Werk.

In solch breite Zusammenhänge ist die Beziehung von Mutter und Kind in natürlichen Lebenskreisen noch eingebettet. Mit natürlich meinen wir, daß es sich um eine Familie handelt (eine Familie hat mehr als zwei Personen), die sich nach außen öffnet: Das kleine Kind wird von den älteren Geschwistern betreut, weil die Eltern auf dem Feld Kartoffeln stecken. Es darf aber auch mit den Geschwistern die Eltern auf dem Feld besuchen und kann miterleben, wie die Eltern sich mühen. Bei der Kartoffelernte darf es vielleicht schon mithelfen und mit den Kindern von den Nachbarsfeldern das Abenteuer miterleben, Kartoffeln zum Garen ins Feuer zu legen.

Aus solchen breiten Zusammenhängen war aber die Mutter von Corinna herausgefallen. Sie lebte mit Corinna in einer Nische. Corinna konnte wirklich nur die Mutter erleben. Kam Besuch von den Großeltern oder von Freunden, bedeutete das für Corinna: Reden bei Kuchen und Kaffee. Die Arbeit, die Corinna bei der Mutter miterleben konnte, war für sie nicht so sehr Mamas Arbeit, sondern viel eher Mamas Spiel, und sie hat dabei gerne mitgemacht: Sie haben miteinander Betten gemacht, Kuchen gebacken, schnell die Wäsche für die Waschmaschine sortiert… Aber welche Mühe es erfordert, bis man sich Kaffee, Kuchen, Waschmaschine leisten kann, konnte Corinna nicht wissen. Für sie floß Geld aus weiter Ferne, man sprach von Unterhaltsgeld oder vom Sozialamt.

Wir sprachen mit der Mutter darüber, daß Corinna aufgrund ihrer Erfahrung in dieser Nische überfordert war, als sie in den Kindergarten kam. In der Zweierbeziehung entsteht eine übermäßige Bindung, und Auseinandersetzungen haben dadurch eher den Charakter eines entnervenden Hickhacks als den der echten Konfrontation und der Erfahrung der Ich-Stärke. »Das stimmt«, sagte die Mutter. »Ich fühle mich oftmals so eingefangen und so nervös, daß ich am liebsten davonlaufen würde. Und manchmal frage ich mich, hat das Kind wirklich sein müssen!«

Äußerungen wie: »Am liebsten würde ich das Kind an die Wand knallen« oder: »Nie wieder ein Kind« hören wir öfters von den Müttern, die ihrem Kind zuliebe zu Hause bleiben. Sie fühlen sich ausgelaugt, eingefangen, unnütz, vom Kind oftmals tyrannisiert. Aus der allerbesten Absicht, bei dem Kind zu bleiben, wird aus Liebe Haß-Liebe und aus Freiheit, die man dem Kind geben wollte, Unfreiheit für beide.

»Ich fühle mich wie ein seelischer Krüppel«, sagte Corinnas Mutter weinend. »Aber ich habe nicht gewußt, daß ich Corinna dazu gemacht habe!«

Guter Rat war hier nicht teuer: Wir schlugen vor, die Mutter solle wieder ihrem Beruf nachgehen. Zunächst allerdings nur halbtags. Das Gesicht der Mutter hellte sich auf, und sie sprach von einem Stellenangebot, das ihr kürzlich gemacht wurde, das sie aber Corinna zuliebe ausschlagen wollte. Als wir hörten, daß die Zahnarztpraxis, um die es sich handelte, zwischen der Wohnung und dem Kindergarten liegt, haben wir folgende Empfehlung ausgesprochen: Es sollte nicht mehr so sein wie bisher, daß Corinna stets von der Mutter vom Kindergarten abgeholt wurde. Sie ist mit fünf Jahren schon in der Lage, die Mutter auch mal von ihrem Arbeitsplatz abzuholen. Dabei kann sie schauen, was die Mama macht und was sie alles kann.

Wir munterten die Mutter auf, keine Schuldgefühle zuzulassen derart, daß Corinna aufgrund ihrer Berufstätigkeit zu kurz komme. Aus Erfahrung wissen wir, daß berufstätige Mütter aus solchen Schuldgefühlen heraus dazu neigen, das Kind zu verwöhnen. Im Gegenteil: Die Mutter sollte ihre Berufstätigkeit als Herausforderung für Corinna betrachten, groß zu werden. Corinna bekommt durch die Berufstätigkeit der Mutter auch die natürliche Chance, mit ihr die Arbeit verbindlich zu teilen. Sie soll Verantwortung für bestimmte Tätigkeiten übernehmen, zum Beispiel den Tisch decken oder den Kanarienvogel füttern.

Die Vereinbarung von Muttersein und Berufstätigsein ist nicht immer einfach. Bei der Gewichtung der beiden Aufgaben müssen die Bedürfnisse des Kindes Vorrang haben, und diese ändern sich mit wachsender Reife.

Im ersten Lebensjahr ist die Mutter unersetzlich, da muß sie bei dem Kind zu Hause sein, um in ihm Geborgenheit und Bindungsfähigkeit zu veranlagen. Die Fremdelphase, die im achten Monat einsetzt, ist unbedingt unter dem Schutz der Mutter auszutragen.

Im zweiten Lebensjahr kann das Kind schon stundenweise auf die Mutter verzichten, sofern sie durch eine zuverlässige, warmherzige Bezugsperson vertreten wird. Wichtig ist, daß diese Bezugsperson immer die gleiche ist. Das kann der Vater, die Patin, die Pflegemutter oder es können die Großeltern sein. Wenn auf diese Weise ihre Vertretung gesichert ist, kann die Mutter ab da stundenweise wieder ihrem Beruf nachgehen, wenn sie dies will und ihr inneres Gleichgewicht dies verlangt. Allerdings darf ihre Berufstätigkeit nicht dazu führen, daß sie sich ihrem Kind nicht mehr entspannt und ausreichend zuwenden kann. Sie muß trotz Berufstätigkeit für ihr Kind noch so zur Verfügung stehen können, daß sie in seiner Trotzphase sein Aufbäumen aushalten und abfangen kann.

Das Kleinkind würde unter dieser Voraussetzung auch die ganztägige Berufstätigkeit der Mutter verkraften können, doch wird sich die Mutter in der verbleibenden Zeit ihm nicht voll zuwenden können, denn etwas in ihrem Leben käme dann zu kurz: ihre eigenen Neigungen und Interessen, der Ehemann oder andere Mitmenschen. Und das würde bedeuten: sie würde sich zu sehr isolieren und ein Nischendasein fristen, das kann für kaum eine Mutter befriedigend sein.

Das Kind in der geschiedenen Familie

Wir bezweifeln nicht, daß manche Scheidung auch zum Wohle des Kindes notwendig ist, nämlich dann, wenn das Kind emotionalen oder physischen Schaden erleidet, zum Beispiel bei Mißhandlungen und sexuellem Mißbrauch, auch bei Suchterkrankung eines Elternteils. Wir wissen auch, daß ein Erwachsener gut allein erziehen kann, sei er geschieden, verwitwet oder unverheiratet, sofern er den natürlichen kindlichen Bedürfnissen gerecht wird.

Realität ist leider meist, daß gerade die kindliche Seele durch die Scheidung der Eltern aufs gröbste verletzt wird: der fünfjährige Volker, ein blasser Junge mit besorgtem Gesicht, das nur aus Augen besteht, kommt wegen Asthma – er kann nur noch ohnmächtig zusehen, was um ihn und mit ihm geschieht, und es geht ihm buchstäblich die Luft aus. Anna-Maria wird wegen Bettnässen vorgestellt. Sie war schon sauber und stolz darauf. Nico weint im Schlaf und wälzt sich unruhig. Die sanftmütige, fröhliche Silvia ist plötzlich streitsüchtig und mißlaunig geworden.

Das Vorschulkind kann noch nicht über seine Kümmernisse sprechen. Es reagiert emotional mit seinem ganzen Sein auf das Ganze der Katastrophe und macht mit Verhaltensstörungen auf sich aufmerksam. Es kann die Scheidung der Eltern noch nicht verstandesmäßig begreifen, um sie zu verarbeiten. Es kann sie nur erleiden. Nur ganz wenigen Eltern gelingt es, ihr Kind vor dem großen Leiden zu beschützen, indem sie – trotz Trennung – zueinander stets großzügig und tolerant sind und friedlich miteinander umgehen.

Normalerweise kommt es zur Scheidung, weil in der Beziehung die Liebe durch Haß ersetzt wurde, und in vielen Fällen ist das Kind der Gegenstand des Streits. Das Kind muß sich teilen und wird zwischen den Streitenden hin und her gerissen. Der Scheidung ging eine für alle unerträgliche Zeit der Unsicherheit, Spannungen, Gehässigkeiten voraus. Für das Kind bedeutet dies das Gegenteil von Geborgenheit. Es bedeutet totale Auslieferung an eine unbekannte Gefahr. Die Scheidung stellt nicht etwa einen einmaligen Einschnitt dar, sondern das Kind ist einer fortlaufenden Zerreißprobe ausgesetzt. Eine Wunde heilt und bricht immer wieder neu auf. Man darf sich dadurch nicht täuschen, wenn sich das zuvor aufgewühlte Kind beruhigte, als die Eltern auseinanderzogen. Für das Kind setzt sich die Sache immer weiter fort:

In seiner magischen Stufe, in der es alles auf sich selbst bezieht und sich stets als Mittelpunkt allen Geschehens empfindet, muß es sich auch für die Streitigkeiten mitschuldig fühlen:

- Es fühlt sich von dem Elternteil, der von der Familie wegging, verlassen und ungeliebt. Es fühlt sich unwert.
- Geht das Kind mit dem scheidenden Elternteil aus dem Nest, so empfindet es sich schuldig, weil es den bleibenden Elternteil (vielleicht noch ein Geschwisterchen) verlassen hat.
- Es leidet unter dem Verlust des geliebten Menschen.
- Im Falle des Auszugs aus dem Nest verliert es seine Welt: die vertraute Wohnung, die Katze, die Nachbarn, den Kindergarten.
- Weil es die Einheit der Eltern nicht erleben kann, muß es das Männliche und das Weibliche in sich feindlich teilen. Es muß viel Kraft aufwenden, um dies bewältigen zu können. Das wird ihm besonders schwer in der Stufe, in der ihm seine geschlechtliche Identität (um das vierte bis fünfte Lebensjahr) bewußt wird und es sich dem gleichgeschlechtlichen Vorbild anschließen muß.

Volker zum Beispiel möchte so gerne wie sein Papa sein, er möchte sich genauso Luft machen wie er, aber seine Mutter möchte das nicht. Er mußte für sich, aber auch für die Mutter, ein neues Bild vom Mann entwerfen, und da er dies ohne Vorbild tun muß, tappt er ins Leere und ringt um Luft.

Sylvia, die ehemals Sanftmütige, muß sich in dieser Stufe mit der Mutter identifizieren, aber sie erlebt, wie gehässig sie sich über den Vater äußert. Sie will gar nicht streiten, aber sie muß. So setzt sich das Trauma der Scheidung bis ins dritte und vierte Glied fort.

Der Erwachsene hat wenigstens die Chance, sich durch die Scheidung von seinen Problemen zu lösen. – Er hat seine Sicherheiten in seinem Lebenskonzept und die Pflaster, die er auf seine Wunden legen kann. – Aber das Kind hat diese Möglichkeiten noch nicht. Seine Probleme werden bei jedem Kontakt mit dem von ihm getrennten Elternteil wieder aktualisiert.

Wenn die Mutter wahrhaftig ist, dann kann sie ihren Haß auf den Ehemann vor dem Kind nicht verbergen und stiftet das Kind gegen den Vater an. – Sie weiß, daß sie das nicht tun sollte und macht es deshalb versteckt. Zum Beispiel: »Herr Braun (der Vater) kann dir das besorgen.« Das Kind nimmt die ablehnenden Gefühle auch wahr, wenn der Vater beim Empfang sagt: »Na, Frau Bauer (die Mutter) will wieder einmal frei haben, um auf Achse gehen zu können!« Hinter diesen versteckten Aggressionen steht der nicht ausgesprochene, aber vom Kind wahrgenommene Wunsch: Nur ich bin gut, der andere ist schlecht. Seine Zuneigung macht es offenkundig (auch die Eltern sind nur ehemalige Kinder!).

Die Sorge des Elternteils, bei dem das Kind lebt, ist berechtigt, weil der andere nämlich tatsächlich darum bemüht ist, das Kind für sich zu gewinnen: Er unternimmt mit dem Kind tolle Sachen (erst von da an wissen manche Eltern, wo der nächste Märchenwald ist). Er gibt dem Kind alles, was er kann. Er verwöhnt es, selbst wenn es ihm nicht darum geht, die Liebe des Kindes zu gewinnen, so ergibt sich doch zwangsläufig, daß er der Sonntags-Vater oder die Sonntags-Mutter ist, der nicht groß erziehen muß, sondern als Unterhalter für das Kind wirkt.

Im Prinzip konkurrieren geschiedene Eltern immer, und zwar alle beide, um die Gunst ihres Kindes. Bis zur Scheidung konnte sich das Kind noch an beide Eltern binden. Aber jetzt fühlt es sich schuldig, wenn es beide liebt.

- Es fühlt, daß es die Liebe zum anderen Elternteil verheimlichen, verleugnen, verdrängen muß.
- Oder es ahnt, daß der hetzende Elternteil lügt: »Wer von euch beiden lügt eigentlich?« fragte ein Brüderpaar, das bei dem Vater lebt, wenn die Mutter sagt: »Ich bekomme zu wenig Geld von Eurem Vater!« Der Vater hatte ihnen nämlich die Überweisungsaufträge gezeigt, um zu beweisen, daß er der Mutter genug gibt – nur die Kinder können Überweisungen noch nicht verstehen.
- Das Kind versteht sich mit dem besuchten Elternteil so gut, daß es sich mit ihm identifiziert und ihm ähnlich auf den anderen Elternteil reagieren möchte. Es soll jetzt zu der Mutter zurückkehren, die es eigentlich liebt, aber es müßte wie der Vater ihr gegenüber gehässig sein, um dem Vater gegenüber schuldlos bleiben zu können.

  Es muß also die Mutter durch Gehässigkeit provozieren, um sie so vorzufinden, wie sie von dem Vater dargestellt wird.

All dieses stellt für das Kind eine Überforderung dar. Aber noch viel mehr ist es überfordert durch die Frage: »Bei wem möchtest du nun leben?«, die ihm nicht nur vom Richter gestellt wird, sondern durch die Blume und in unzähligen Variationen durch die Eltern selbst. Das Kind spürt es beispielsweise bei der Verabschiedung: »Es wäre doch schön bei mir...« »Schade, daß wir nicht länger beieinander sein können!«
Beim besten Willen, das Kind kann sich nicht entscheiden. Wenn ein Elternteil stirbt, so ist das leichter für das Kind. Es kann den Verstorbenen beweinen, sich verabschieden, um sich dem Lebenden um so mehr zuwenden und widmen zu können. Es kann seine Erinnerungen pflegen und seine Trauer zulassen. Ja, es findet darin sogar noch Unterstützung. – Nicht so jedoch das Kind, bei dem der verlorengegangene Elternteil noch lebt. Intensiver, als es der entspannten Familiensituation entspricht, muß es die Eltern mit ihren eigenen Bedürfnissen und die Eltern in ihrer unterschiedlichen Rolle erleben.

Trotz allem gerät das Kind, ohne sich dagegen wehren zu können, in eine »Überbindung« an den ihm verbleibenden Elternteil.
Verheiraten sich die Eltern wieder, so entstehen neue Verwirrungen und Verirrungen. Statt der vier natürlichen Großeltern könnten plötzlich deren acht vorhanden sein. Die Zahl von Brüdern und Schwestern könnte sich ebenso sprunghaft vermehren, und Grundsatzfragen drängen sich dem Kind auf: Wer ist mein Bruder, meine Schwester, wer ist eigentlich mein Vater, wer meine Mutter? Fragen, die früher gestellt werden, als sie vom Kind zu beantworten sind.
Das Merkwürdige ist, daß das Kind in seinem Wunsch nach überschaubaren Strukturen gerne die neuen Geschwister, aber auch den neuen Vater oder die neue Mutter akzeptiert. Denn so findet es seinen Platz und kann sich sicher fühlen. Voraussetzung allerdings ist, daß die Intrigen von dem ausgeschlossenen Elternteil unterbleiben. Das Kind nimmt auch lieber in Kauf, Rivale zu sein, und willigt in Revierkämpfe ein. Es spürt nämlich deutlich, daß ihm die Gefahr der Vereinsamung größer ist als die der durcheinandergeratenen familiären Verhältnisse. Es akzeptiert daher die schwierigsten Geschwisterkonstellationen (meine Kinder, deine Kinder, unsere Kinder), solange es sich angenommen und geliebt weiß.
Ulrich war uns schon länger bekannt, weil er immer wieder Verhaltensstörungen zeigte, die seine Entwurzelung spiegelten: Er war unruhig, unkonzentriert, aufsässig, antriebsarm. Er lebte mit seiner geschiedenen Mutter und besuchte regelmäßig jedes zweite Wochenende den Vater. Er konnte sich nirgendwo so richtig wohlfühlen, denn die Mutter brachte immer wieder flüchtige Bekanntschaften mit nach Hause, denen sie sich intensiv widmete. Bei dem Vater war er häufig Zeuge seiner Streitereien mit seiner Lebensgefährtin, die fast immer so endeten, daß die Freundin des Vaters damit drohte wegzugehen. Immer dringlicher wünschte er sich, daß die Lebensgefährtin vom Vater ein Kind bekomme, und als es so weit war, äußerte

er den Wunsch, beim Vater bleiben zu dürfen. Unbewußt gründete er eine Familie, in der er Wurzeln schlagen wollte.

Allgemein gültige Ratschläge zu geben, ist schwierig. Wenn zwei Menschen, die sich einmal geliebt haben, so maßlos voneinander enttäuscht sind, daß sie auseinandergehen, so ist das immer eine Krise, die alle betrifft. Erwachsene handeln in der Situation sozial unreif und unbeherrscht, als wären sie noch Kinder. Jeder ist so gefangen in seinem eigenen Schmerz, daß er sich kaum in den Schmerz des anderen einfühlen kann. Sind allerdings Kinder mitbetroffen, so ist es notwendig, sich in den anderen einzufühlen und sich seiner Vernunft zu besinnen.

Zunächst sollten sich Eltern die Frage stellen: wie wirke ich, wie wirkt mein geschiedener Partner auf das Kind? Welches Bild holt es sich für das ganze Leben? Sie sollten sich auch soweit in das Kind hineindenken, daß sie folgende Regeln einhalten können, wie wir sie den Eltern mitgeben:

– Machen Sie nie den anderen vor Ihrem Kind schlecht, denn es braucht und liebt beide Eltern und will beide achten können.
– Machen Sie aber auch Ihr Kind nicht zum schlechten Menschen dadurch, daß Sie es zum Lügner machen (»Sag der Mama ja nicht, wo wir waren...«), und sammeln Sie über Ihr Kind nicht Beweise gegen den Partner, indem Sie es ausfragen und zum Spion machen (»Sag der Tante, daß der Papa gesagt hat, ich sei eine Schlampe! Schau doch, ob der Papa noch immer so viele leere Flaschen stehen hat...«).
  Denken Sie daran, wenn Sie das Kind zu Ihrem Verbündeten gegen den Partner machen, dann machen Sie es zum Feind und Verräter an einem geliebten Menschen!
– Begleiten Sie Ihr Kind in seiner Erwartung auf den Besuch beim anderen Elternteil und wecken Sie Vorfreude in ihm: Noch einmal schlafen, und dann kommt der Papa! Lassen Sie sich von den schönen Erlebnissen erzählen, die es hatte, und freuen Sie sich über die Freude Ihres Kindes!
– Sorgen Sie dafür, daß die Besuche regelmäßig stattfinden und

die vereinbarten Besuchszeiten eingehalten werden, damit sich das Kind auf Sie verlassen und sicher fühlen kann.
Beachten Sie: Ein kleines Kind hat noch keine gute zeitliche Orientierung. Es kann nur in vertrauter Umgebung unbefangen sein. Deshalb empfehlen wir, je jünger das Kind, um so häufiger, dafür kürzer sollten die Besuche sein, möglichst ohne Übernachtung in einer anderen Wohnung. Und wenn es irgend möglich ist, sollten die Besuche auch im Zuhause des Kindes stattfinden.

- Wenn Sie dem Kind schon begründen wollen, warum Ihr Ehepartner Sie verließ, dann vermeiden Sie wenigstens, das Kind in den Verlust des Geliebtseins einzubeziehen.
  Sagen Sie nicht: »Papa/Mama mag uns nicht mehr.«
  Sagen Sie lieber: »Er/Sie mag mich nicht mehr, aber dich hat er/sie noch genauso lieb wie immer. Deshalb holt er/sie dich zu Besuch!«
- Wenn Sie Ihr Kind nur besuchsweise erleben können, dann überschütten Sie es nicht mit Attraktionen. Wenn es auf dem Festplatz von Karussell zu Karussell und von Bude zu Bude geschleppt wird, ist es abends geschafft, und die Überforderung seiner Verarbeitungsmöglichkeiten hat es um ein schönes Erlebnis gebracht. Auch besteht die Gefahr, daß es einen verzerrten Begriff von Vater bekommt: ein Manager von Attraktionen. Versuchen Sie nicht, die Liebe Ihres Kindes zu erkaufen, indem Sie ihm alles schenken, was es will. Schenken Sie lieber sich selbst dem Kind, zeigen Sie ihm die Welt, aber auch Ihren Alltag.

Kind und Religiosität

Ab und zu fragen Eltern, die sich um die Erziehung ihrer Kinder bewußt bemühen und nichts unterlassen wollen, ob es denn für die religiöse Erziehung genügt, wenn sie mit ihrem Kind beten und es mit in die Kirche nehmen.

Nein – das genügt nicht! Religiosität ist mehr als Worte und Kirchenbesuch, es ist vor allem *Erleben.* Und Erziehung zur Religiosität erübrigt sich, denn das Kind trägt sie in sich...

»Wenn ihr nicht werdet wie die Kindlein, so werdet ihr nicht ins Himmelreich kommen.«

In diesem Himmelreich befindet sich das Kind noch mit ganzer Seele, aber auch noch mit seinem Leib.

Was ist überhaupt Religiosität? Religiosität ist das Erleben des Eingebundenseins in der ganzen Schöpfung, das Erleben des Durchdrungenseins von belebender Kraft, Hingabe an eine unfaßbare Macht, die bestimmt, aber auch beschützt und vorbehaltlos liebt. Religiosität ist das Urvertrauen, sich in Gottes Hand geborgen zu fühlen. Religiosität ist auch noch die Hoffnung, daß alle Dunkelheiten in Licht umgewandelt werden.

Diese höchsten Werte entstehen nicht durch Worte und Kirchenbesuch, sondern durch unmittelbares Erleben. Gebete und Kirchenbesuch dienen dem Bewußtwerden des frühen Erlebens.

Die Bereitschaft zu dem vielfältig religiösen Erleben bringt das Kind mit seinen seelisch-geistigen Anlagen mit in die Welt. Es kommt so hilflos in die Welt, daß es ohne Vertrauen und Hingabe an die Mutter gar nicht leben kann. Und es fühlt sich von dieser unfaßbar großen Mutter gehalten, fühlt sich bei ihr geborgen in all seinen dunklen Stunden und von ihr getröstet.

Diese geistigen Werte werden leiblich mit allen Sinnen wahrgenommen, gefühlt und gespürt unter der Vermittlung von Mutter und Vater. So betrachtet erlebt das Kind die primäre Autorität der Eltern als Stellvertreter Gottes.

Fehlen dem Kind diese Schlüsselerlebnisse, tut es sich später mit dem Erleben des Glaubens schwer, wenn ihm dieser nur über Worte und Bilder vermittelt wird. Es ist dann wie ein Baum ohne Wurzeln, wie ein Haus ohne Fundament. Die geringste Erschütterung bringt alles zu Fall.

In den Wurzeln der allerersten Kindheit liegt der Schlüssel für die wahrhaftige Religiosität. Wenn die Eltern Ehrfurcht vor dieser Wahrhaftigkeit haben und sich dem Fühlen des Kindes anpassen, dann haben sie auch die Chance, ihre eigene Religiosität zu erneuern. Aus diesem Einfühlungsvermögen heraus sollten sie ihr Kind auch gewähren lassen, wenn es mit seinen unsichtbaren Freunden spielt und redet. Man sollte ihm auch nicht durch zu frühe Aufklärung seinen Glauben an den Osterhasen und den Nikolaus zerstören.

Solange das Kind vom aktiven Kontakt mit den unsichtbaren Freunden weiß, kann man mit ihm darüber sprechen, daß unter diesen Freunden sein Engel ist, der es beschützt. Man kann dem Kind beibringen, wie man zu dem Schutzengel spricht, und man kann daraus das erste aktive Gebet des Kindes entwickeln.

Der kleine Peter sitzt im Schlafanzug auf dem Schoß der Mutter und erzählt ihr, was er an diesem Tag erlebt hat: Wie schnell er mit dem Dreirad gefahren ist und sich trotzdem keine Schramme geholt hat, und die Mama sagt: »Bist ein Geschickter! Da hat bestimmt dein Engel gut auf dich achtgegeben. Willst du's ihm nicht erzählen, wie schön die Fahrt für dich war?« »Au ja«, sagt Peter und erzählt begeistert: »Lieber Schutzengel, hör mal zu, das war toll da an dem Berg und bei der Pfütze, wie ich da vorbeigerauscht bin. Gelt, du hast auch alles gesehen?« Die Mama sagt: »Bestimmt hat er alles gesehen, aber willst du dich nicht bedanken bei ihm dafür, daß er auf dich achtgegeben hat?«

»Warum bedanken?« »Na, du sagst doch auch zum Opa danke, wenn er dir etwas schenkt, oder zu mir, wenn ich dir helfe.« »Aha«, sagt der Peter. »Danke also!«

»Willst du ihn nicht bitten, daß er auch in der Nacht auf dich achtgibt und dir schöne Träume schickt?«
»Wie macht man das?«
»Ich mach's dir vor«, und die Mutter hält Peter fest und warm im Arm, faltet ihre Hände über seine Händchen und spricht:
»Lieber Schutzengel,
in dieser Nacht, ich bitte dich,
beschütze und bewahre mich.
Amen!«
»Amen!« sagt auch Peter.
Mit zunehmendem Verständnis kann und soll das Kind neben spontanen Gebeten, bei denen es im Dialog mit dem geistigen Gegenüber ist, auch die traditionellen Gebete erlernen, über die es Verbundenheit mit einer großen Menschengruppe erfährt. Es erkennt sie in der Kirche wieder und wird, indem es sie mitspricht, der tragenden Kraft des gemeinsamen Gebets und Gesangs teilhaftig. Solche und ähnliche vertiefenden, aktiven Erlebnisse ermöglichen es erst, daß das Kind etwas vom Kirchenbesuch hat:
Staunen über die Kerzen, das Glockengeläut, das Dröhnen der Orgel, das große Schweigen, der persönliche Händedruck des Pfarrers...
In der Kirche soll das Herz bewegt, nicht Disziplin geübt werden! Lange Gottesdiensthandlungen sind für das Kind eine Überforderung. Mögen sich die Eltern orientieren an Pfarrern, die es vermögen, kinder- und behindertenfreundliche Gottesdienste abzuhalten. Sie haben noch ein kindliches Herz und dadurch die wahre Religiosität.
Nicht durch den frühen Kirchenbesuch entsteht die Religiosität, sondern dadurch, daß der vom Kind mitgebrachte Samen der natürlichen Religiosität in den Boden der verschiedenen Lebensfelder gesteckt, hier gepflegt und zur Frucht wird. Was aus dem Samen wird, hängt von seiner Pflege ab.
Wenn man von der Kostbarkeit des Samens nicht weiß, wird er zertreten. Wenn man den Keimling nicht erkennt, kann er er-

stickt werden. Ein solcher Schaden tritt ein, wenn man dem Kind nicht die Freiheit des naiven magischen Denkens überläßt. Gute Eltern sorgen dafür, daß dem Kind Geborgenheit, Hingabe, Vertrauen, Hoffnung, Liebe, von Lebenskraft Durchdrungensein und Ehrfurcht vor der ganzen Schöpfung in stetem Geben und Nehmen vorgelebt werden.

Was bedeutet das für den Alltag?

Beispiele hierfür finden Sie in unserem Buch genug. Eigentlich haben wir das ganze Buch nur deshalb geschrieben, damit diese geistigen Kraftquellen dem Kind von heute als dem Erwachsenen von morgen zur Verfügung stehen. Wenn jeder einzelne sein »Ich bin« findet, die Menschlichkeit bewußt gelebt wird und die Liebe alles durchdringt, dann können wir getrost in das dritte Jahrtausend gehen!

Eure Kinder sind nicht eure Kinder.
Sie sind die Söhne und Töchter der Sehnsucht des Lebens nach sich selber.
Sie kommen durch euch, aber nicht von euch,
Und obwohl sie mit euch sind, gehören sie euch doch nicht.
Ihr dürft ihnen eure Liebe geben, aber nicht eure Gedanken.
Denn sie haben ihre eigenen Gedanken.
Ihr dürft ihren Körpern ein Haus geben, aber nicht ihren Seelen,
Denn ihre Seelen wohnen im Haus von morgen, das ihr nicht besuchen könnt, nicht einmal in euren Träumen.
Ihr dürft euch bemühen, wie sie zu sein, aber versucht nicht, sie euch ähnlich zu machen.
Denn das Leben läuft nicht rückwärts, noch verweilt es im Gestern.
Ihr seid die Bogen, von denen eure Kinder als lebende Pfeile ausgeschickt werden.
Der Schütze sieht das Ziel auf dem Pfad der Unendlichkeit, und Er spannt euch mit Seiner Macht, damit seine Pfeile schnell und weit fliegen.
Laßt euren Bogen von der Hand des Schützen auf Freude gerichtet sein;
Denn so wie Er den Pfeil liebt, der fliegt, so liebt Er auch den Bogen, der fest ist.

(Aus Khalil Gibran: Der Prophet)

Weiterführende Literatur

Dreikurs, Rudolf/Soltz, Vicki: Kinder fordern uns heraus. Wie erziehen wir sie zeitgemäß? Stuttgart 1988[19]

Fischle-Carl, Hildegund: Kleine Partner in der großen Welt. Alltag mit unseren Kindern. Zürich 1980

Glöckler, Michaela: Elternsprechstunde. Erziehung aus Verantwortung. Stuttgart 1989

Goebel, Wolfgang/Glöckler, Michaela: Kindersprechstunde. Ein medizinisch-pädagogischer Ratgeber. Erkrankungen – Bedingungen gesunder Entwicklung. Erziehung als Therapie. Stuttgart 1988[7]

Montessori, Maria: Die Entdeckung des Kindes. Hrsg. und eingel. v. Oswald, Paul/Schulz-Benesch, Günter. Freiburg 1987[8]

Montessori, Maria: Erziehung zum Menschen. Montessori-Pädagogik heute. Frankfurt 1987[3]

Montessori, Maria: Grundlagen meiner Pädagogik und weitere Aufsätze zur Anthropologie und Didaktik. Hrsg. von Michael, Berthold. Wiesbaden 1985[6]

Montessori, Maria: Kinder sind anders. Stuttgart 1988[12]

Montessori, Maria: Kosmische Erziehung. Hrsg. und eingel. v. Oswald, Paul/Schulz-Benesch, Günter. Freiburg 1988

Montessori, Maria: Das kreative Kind. Der absorbierende Geist. Hrsg. v. Oswald, Paul/Schulz-Benesch, Günter. Freiburg 1987[6]

Montessori, Maria: Schule des Kindes. Montessori-Erziehung in der Grundschule. Hrsg. u. eingel. v. Oswald, Paul/Schulz-Benesch, Günter. Freiburg 1987[2]

Prekop, Jirina: Der kleine Tyrann. Welchen Halt brauchen Kinder? München 1988[12]

Prekop, Jirina: Hättest du mich festgehalten… Grundlagen und Anwendung der Festhalte-Therapie. München 1989[2]

Schmalohr, Emil: Den Kindern das Leben zutrauen. Seelische

Gesundheit in Lebensereignissen. Angewandte Entwicklungspsychologie und -beratung. Frankfurt 1986
Stein, Arnd: Wenn Kinder aggressiv sind. Wie Eltern verstehen und helfen können. München 1988[3]
Stein, Arnd: Mein Kind hat Angst. Wie Eltern verstehen und helfen können. München 1982[2]

Jirina Prekop

Der kleine Tyrann

Welchen Halt brauchen Kinder?
10. Auflage 1989. 150 Seiten. Kartoniert

»Der kleine Tyrann« im Spiegel der Presse:

Das Kind als Tyrann, die Eltern als duldsame Lakaien. Dieses Phänomen ist immer häufiger zu beobachten, Resultat einer Erziehung, in der die Eltern dem Kind hundertprozentig zu Willen sind. Folge: Das Kind, das seine Eltern als beherrschbar erlebt, vermißt Geborgenheit. Also sucht es Ersatzbefriedigung, und die heißt Macht. Die Kinderpsychologin Jirina Prekop beschreibt in ihrem lesenswerten Buch, wie Eltern und Kinder wieder zu einem sinnvollen Gleichgewicht finden können.
BRIGITTE

Die Kinderpsychologin und Wissenschaftlerin Jirina Prekop bescheibt in diesem höchst interessanten wie hilfreich anregenden Buch, wie Eltern und Kinder zu einem sinnvollen Gleichgewicht kommen können... Ein Hoffnungsschimmer für die Eltern und die kleinen Nervensägen.
SÜDDEUTSCHE ZEITUNG

KÖSEL

Jirina Prekop

Hättest du mich festgehalten...

Grundlagen und Anwendung der
Festhalte-Therapie
256 Seiten. Gebunden mit Schutzumschlag

Nach dem Bestseller »Der kleine Tyrann« liegt nun das grundlegende Informationsbuch zu der kontrovers diskutierten Festhalte-Therapie vor. Jirina Prekop beschreibt die Kennzeichen der Festhalte-Therapie, wie sie dazu kam, diese Methode zu übernehmen, wann es sinnvoll ist, mit ihr zu arbeiten und in welchen Fällen es nicht angezeigt ist.

Die anschaulichen Fallbeispiele zeigen eindruckvoll, welche heilende Wirkung das Festhalten haben kann. Für Jirina Prekop ist das Festhalten nicht nur eine Primärtherapie, um die Mutter-Kind-Bindung wieder herzustellen, wenn sie in der frühen Kindheit nicht gelungen ist, sondern eine Lebensform, die ein Korrektiv der Bindungslosigkeit in unserer heutigen Zeit sein könnte.